一起来脑力大挑战

金字塔探秘

[英] 盖尔斯·摩尔 著　　王冬芳 译

科学普及出版社
·北 京·

图书在版编目（CIP）数据

一起来脑力大挑战．金字塔探秘 /（英）盖尔斯·摩尔著；王冬芳译．-- 北京：科学普及出版社，2022.11

书名原文：TREASURE HUNT PUZZLES：INSIDE THE PYRAMID

ISBN 978-7-110-10486-6

Ⅰ．①一… Ⅱ．①盖… ②王… Ⅲ．①智力游戏－儿童读物 Ⅳ．① G898.2

中国版本图书馆 CIP 数据核字（2022）第 141423 号

策划编辑： 李世梅
责任编辑： 李世梅
助理编辑： 王丝桐
版式设计： 蚂蚁设计
封面设计： 张　茁
责任校对： 张晓莉
责任印制： 李晓霖

出版： 科学普及出版社
发行： 中国科学技术出版社有限公司发行部
地址： 北京市海淀区中关村南大街 16 号
网址： http://www.cspbooks.com.cn
邮编： 100081
发行电话： 010-62173865
传真： 010-62173081

开本： 889mm × 1194mm　1/16
印张： 10
字数： 160 千字
版次： 2022 年 11 月第 1 版
印次： 2022 年 11 月第 1 次印刷
印刷： 北京瑞禾彩色印刷有限公司

书号： ISBN 978-7-110-10486-6 / G · 4353
定价： 180.00 元（全 4 册）

目录

像右侧这样的图被称为“象形文字”，古埃及人就曾使用这种文字。在本书中，当看到“象形文字”一词时，你要知道它指的是一幅单独的图画，就像这幅一样。

开启金字塔探秘之旅

你来到埃及，正要参观一座最近发现的金字塔。

忽然，外面狂风大作，掀起一阵沙尘暴。你幸运地躲进金字塔，却发现塔内只有你自己，孤零零的。金字塔内四周墙壁上保存完好、色彩鲜艳的象形文字吸引了你的注意，你只顾着欣赏，全然没有注意到入口处不断堆积的沙子 —— 等你发现时，为时已晚，你被困在了金字塔里！

欢迎阅读这本与众不同的书。书中的故事包含许多谜题，但是这些谜题并不会直接告诉你该做些什么——它们仅提供了若干线索，接下来将由你决定该做什么以及如何去做！

阅读时如果遇到困难，你可以参考附在后面的提示。这些提示也是谜题的重要组成部分，当你碰到疑难问题时，你可以好好利用它们。建议每次只阅读一条提示，如果仍然无法解开谜题，再阅读更多提示！注意：提示只会为你提供线索，而不会直接告诉你答案。

要有光

入口被沙子封住后，金字塔内一片漆黑。幸运的是，你找到了几支未被点燃的火炬，总算松了一口气，你同时发现墙上还有一些可以摆放火炬的凹洞：

安放火炬

如上图所示，墙上有五个凹洞，而下图中是你找到的五支可以移动的火炬。

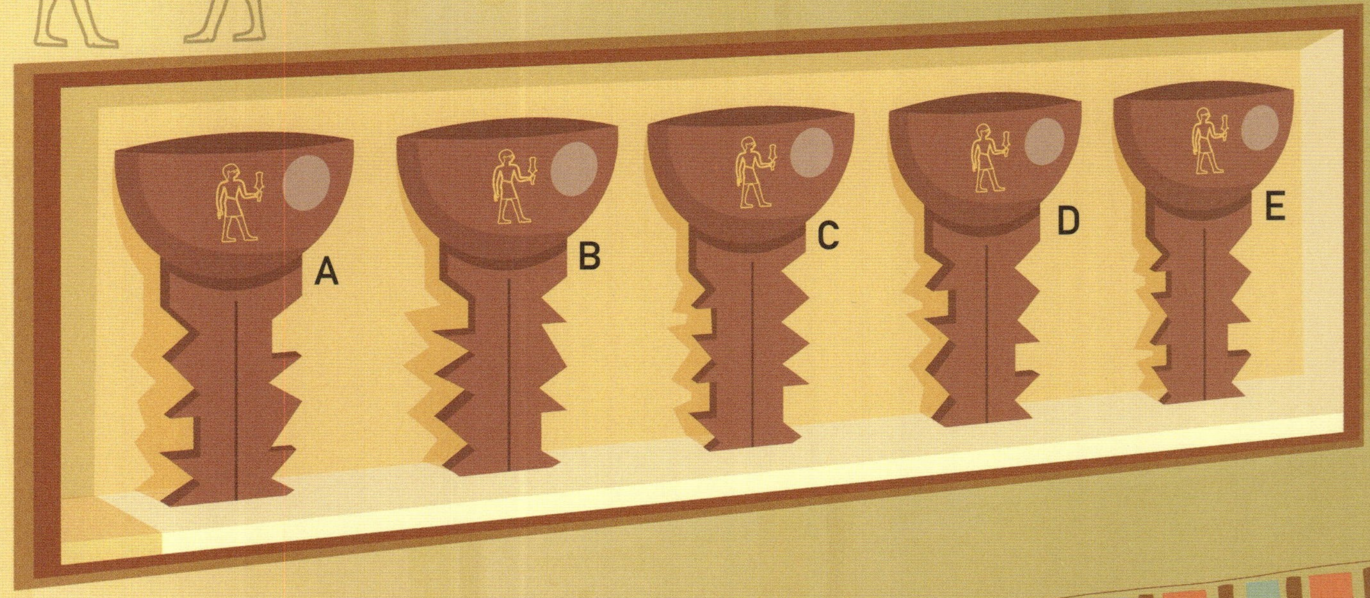

在上面的两组图中，凹洞的编号为（1）～（5），而火炬的编号为A～E。每支火炬只能刚好放进其中一个凹洞，你能说出每支火炬分别对应哪个凹洞吗？

将火炬全部放入对应的凹洞后，现在，你需要点燃它们！

环顾四周，你发现了一些火柴，它们被摆放成一些图案，旁边还有一些手写的说明，如下图所示：

照亮通道

（一）只移动两根火柴，你能拼出两个三角形吗？

拼出的两个三角形必须用上全部火柴——火柴不能有剩余或者重叠摆放。

最近有喜欢解谜的人来过这里！

（二）请移动三根火柴，拼出五个三角形。必须用上全部火柴！

你能解决这两个火柴谜题吗？另外，你也可以不使用火柴，用铅笔、钢笔、吸管或者其他细长的物体拼一拼！

完成后，你点燃火炬，继续探索。

象形文字之谜

接下来，你走进一个房间，里面有一块刻着象形文字和箭头的石板，还有地砖上的迷宫：

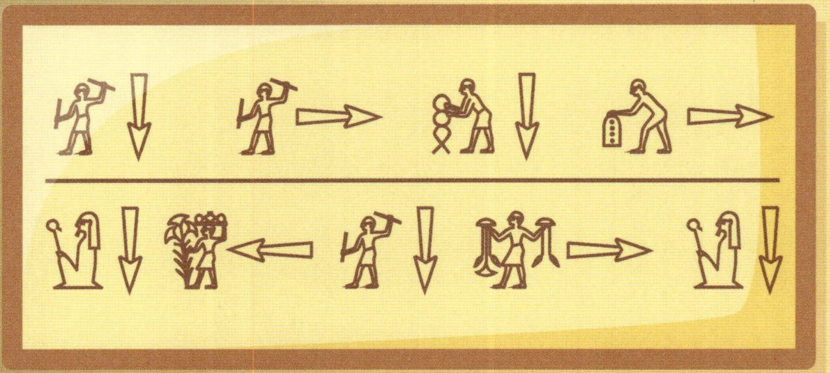

不同的象形文字分别代表阿拉伯数字1～6，这又是一个等你来破解的密码。

穿过地砖

请找出每个象形文字代表的数字，确保你从入口的地砖出发，按照箭头指示前进，最终到达出口的地砖，并且途中不会踏上或跨越任何画有毒蛇图案的地砖！

封闭的大门

安全穿过地砖到达出口后，你前进的道路又被一扇封闭的大门挡住了。

这扇门上有两个方框，每个方框内都隐藏着一条毒蛇。蛇头和蛇尾位于带圆点的方格内，蛇的身体则在两者之间蜿蜒，而你必须找出蛇身经过的路线。

已知蛇身可以沿方格向左、向右、向上或向下移动，但不能沿斜线移动。方框的左侧和上方分别标注着一些象形文字，它们可以告诉你蛇身在每行或每列中占据多少个方格。

注意：毒蛇不穿过带阴影的方格。

现在，拿出草稿纸，画出每个方框中蛇身经过的路线吧。

描绘出毒蛇经过的路线后，封闭的大门打开，你将进入另一个房间——一个遍布机关的房间！

数字之门

房间内共有三扇门可以让你离开，每扇门上标着三个数字。房间里到处都是机关，每当机关启动时，都会有三支箭分别射中三扇房门。

机关箭之室

如下图所示，房间里还摆放着四个卡诺卜坛[1]，每个坛子上都标有不同的总数。当机关启动时，被击中的三个数字之和（每扇房门各一个），恰好等于其中一个罐子上的数值。

对于坛子上的每个总数，你都可以从每扇门上选择一个数字，将三者相加，以获得与坛子上的总数相同的数值。例如，15=3+5+7。现在，请从各扇门上选择正确的数字来得到每个卡诺卜坛上标注的总数吧。

① 卡诺卜坛是古埃及人制作木乃伊时用于盛放人体内脏的容器。——编者注

在成功预测机关箭击中的位置后，你安全地走出房门。

接下来，你进入一个小房间，注意到沙地上摆放着一个不完整的地砖阵。

象形文字箭头阵

沙地中有一条斜线直接穿过地砖阵的一条对角线，并标示出四个可放置地砖的空格。地砖阵的旁边立着一个指示牌：

若我指向你，
则我大于你。
对角四空格，
应放哪些砖？

旁边有八块散落的地砖，可供你摆放到地砖阵内。这些地砖如右图所示。

正如指示牌上所说，箭头指向的象形文字代表一个更小的数值。利用这条线索，你能推测出斜线上的四个空格中应该放入哪些地砖吗？

当你把四块缺失的地砖放好后，一扇隐藏的房门突然打开，露出了埋葬着木乃伊的墓室！

木……墓室

……伊的墓室里整齐排列着九个卡诺
卜坛……三个，共三行，俯视图如下图
……木乃伊棺椁的盖子打开了，
……。

任务（一）：你要想办法将九个卡诺卜坛用四条直线串起来，直线要一笔画出。当然，如果允许画五条直线，那么这道题可谓小菜一碟，但是仅使用四条直线就难多了！

众所周知，这些卡诺卜坛是古埃及人制作木乃伊时用来盛放人体内脏的，但是谢天谢地，这些坛子都是空的！

任务（二）非常明确，你要画出三个正方形，从而得到九个独立的区域，而且每个区域内必须恰好只有一个坛子。

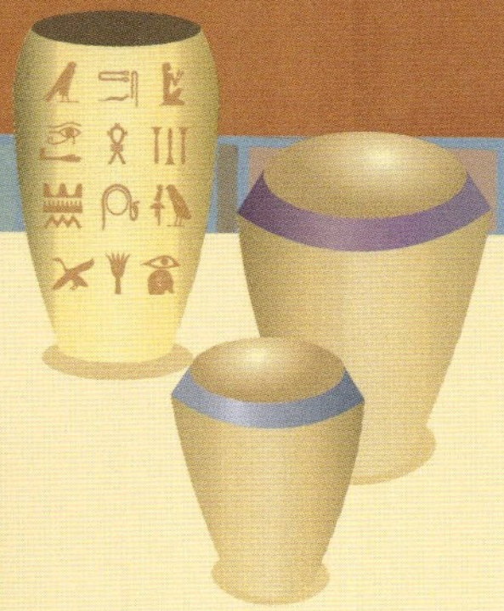

你按要求在沙子上画了四条线和三个正方形。刚画完，沙子就开始陷落，露出了隐藏在下面的一个房间。

堆积金字塔

滑落到下面的房间后，你发现两堆摆放成金字塔状的砖块。如图所示：

（1）

（2）

金字塔之谜

在金字塔（2）旁边散落着六块砖片，这些砖片显然可以对应放入这座金字塔的六个空心砖块中：

你只能认出其中几个象形文字，而新的象形文字也代表数字。你还发现，如果一个砖块上有两个象形文字，那么它们就代表了一个两位数。例如，金字塔（1）顶端的砖块代表数字32。

通过观察金字塔（1），你得出一个规律：每个砖块代表的数字恰好等于它正下方两个砖块代表的数字之和。你能据此推测出六块散落的砖片应该分别放入哪块空心砖中吗？

神秘的木板

堆完金字塔后，一块木板显现出来。木板上有三个图形，如图（1）（2）（3）所示，每个图形都由若干个小木块拼接而成。木板的左上角放着18根可以移动的分隔棒，在顶部的图形中还有六根已经放置好的分隔棒。

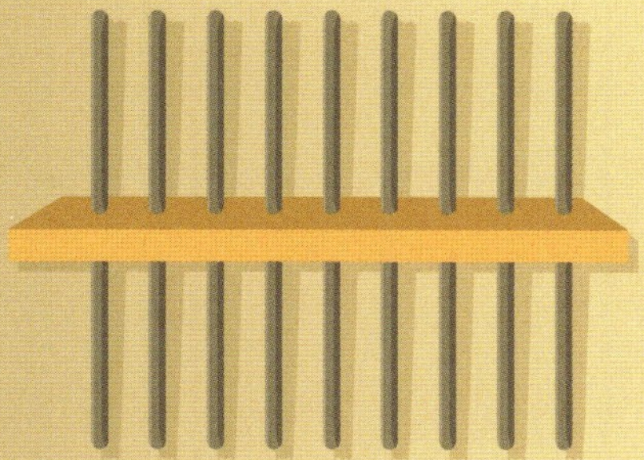

（1）

仔细研究图（1），你会发现分隔棒将图形拆分成了四个相同的形状。同理，你需要拆分图（2）和图（3）。

（2）

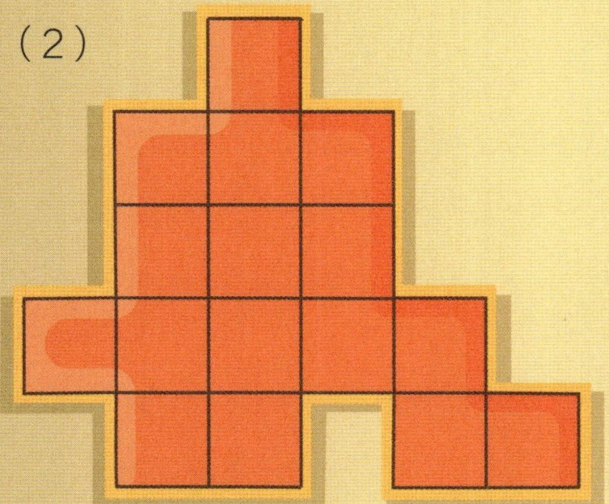

（3）

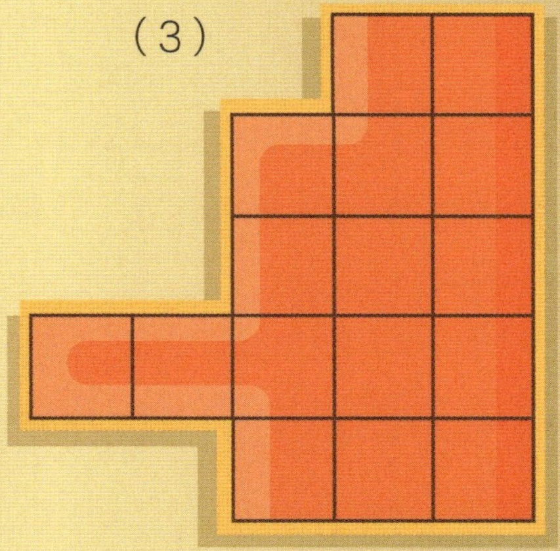

借助分隔棒可以将上面两个图形分别分割成四个轮廓完全相同的形状。注意，被分割成的四个形状必须具有一样的轮廓，但可以旋转。

将最后一个分隔棒放入木板后，一条秘密通道出现了。

阿努比斯的迷宫

你跑过通道，进入金字塔内的一个巨大洞穴，映入你眼帘的是一个石头底座，上面画着一个迷宫：

桥梁迷宫

迷宫下面写着：

逃离之路，途经几何?

你能回答这个问题吗?

从顶部的入口箭头开始，到底部的出口箭头为止，你需要找到一条穿过迷宫的路线。你可以通过桥梁从一些路线跨越到其他路线，也可以在桥下穿行。待找到入口和出口之间最便捷的路线后，你能计算出这条路线上象形文字代表的数字之和吗?

阿努比斯之谜

谜题（一）：你大声说出迷宫的数字之和，突然，房间里的阿努比斯[1]雕像发出幽灵般的声音：

世间二神识得我，我遇其一需躲避。
一神只会说真话，一神满嘴皆谎言。
若我只能提一问，什么问题最高明？
助我分清谁是谁，遇见哪个要逃离！

有两位古埃及神祇，一位总是说真话，另一位总是说假话。你不知道谁说真话谁说假话，并且只能提出一个问题。那么，不论你向哪位神祇提问，这个问题都应该能够帮助你辨别两位神祇！

你应该提什么问题来辨别两位神祇呢？

谜题（二）：你告诉阿努比斯你的答案，他回答：

又一神祇也出现，说真话也说假话。
若有一神敢断言："我向来只说假话。"
猜猜这是哪位神？
记住，一神虚伪、一神诚实，
还有一神时真时假。

你大声说出了你的答案，令你惊讶的是，阿努比斯的雕像竟然活了过来，他说：

"跟我来……"

---

① 阿努比斯是古埃及神话中的死神，是亡灵的引导者和守护者，常以胡狼头、人身的形象出现在法老的葬墓壁画中。——编者注

隐秘的小路

你跟着阿努比斯顺着小路一路前行，很快遇到了一面装饰着八块石板的墙壁，每块石板上都刻着一个由三个象形文字组成的“王名圈”。

王名圈是一组被框起来的象形文字。在古埃及，它们被用来表示皇室成员的名字。在本书中，王名圈只用来指代一组象形文字。

王名圈之谜

八块石板如下图所示：

石板下面写着：

从镜像图案中找不同！

你会找不同吗？每组王名圈与其镜像图案之间都有一处不同。你共需找出四处不同，每行一处。

当你指出最后一处不同后，墙壁突然沿着中线一分为二，向两侧滑开，一座小桥出现在你眼前。

你踏上这座横跨睡莲池的小桥。这时，阿努比斯挡住了你的去路，你必须通过他的测试才能离开小桥。

你注意到每片莲叶上都标有不同的数字：

睡莲池之谜

哪些莲叶上面的数字相加能分别得到下列总数呢？

30　　39　　45　　53

例如，要想得到总数24，你需要选择标有数字9和15的莲叶，因为24=9+15。你能为每个总数找到正确的莲叶组合吗？

阿努比斯对你的回答很满意，他走下桥，命令你跟着他。

需要答案吗？请翻到第 31 页。

莎草纸之谜

阿努比斯走进一个山洞，你正想跟着进去，他却消失不见了。

开凿而成的洞穴非常原始，墙壁的凹洞里放着燃烧的火炬。洞穴中央有一张石桌，上面放着几张莎草纸，每张纸上都画着精美的象形文字。字迹有些褪色，但仍然清晰可辨。你拿起第一张纸，如下图所示：

这时，阿努比斯幽灵般的声音从看不见的地方传来：

找到我独一无二的宝藏，我才会助你找到出路。

阿努比斯似乎在要求你找到一个独特的东西——这个线索有用吗？

你需要弄清楚他的意思，找出符合要求的象形文字。

被遮盖的符号

你拿起第二张纸，如左图所示。它看起来有些许不同：莎草纸上画着整齐的网格线，中心部分还有一块被标记的区域。

莎草纸的背面画着八个王名圈。

在这八组符号中，有一组符号可以匹配上图中被标记的区域。你能找出是哪一组吗？

如果匹配正确，那么每行或每列中的象形文字都不会重复出现，而且相邻的象形文字也彼此不同，甚至斜向相邻的文字也不同。

你在洞穴松散的沙子中勾勒出答案。洞穴远处突然传来落石的声音，吸引了你的注意力。那里出现了一个小洞口。

需要答案吗？请翻到第 31 页。

逃离此处

当你走到刚出现的洞口处时，你可以清楚地看到一块巨大而精致的石板。如下图所示：

隐秘的出口

在石板下面有一段简短的文字：

入口处标有箭头，但是出口在哪里呢？只能听从人类的指示！

从标有箭头的方格开始，沿着通往隐秘出口的路线前进吧。

时之沙

你沿着通往隐秘出口的路线向前走，石板崩裂了，露出一个藏得更深的隐蔽之处。里面摆放着两个沙漏。

沙漏分别标有不同的数字，并且装满了沙子。如果将沙漏翻转过来，沙子将从顶部缓慢流淌到底部，并且恰好需要与所标记的数字一样多的分钟数才能流完。这意味着标有数字“3”的沙漏可以计时3分钟，标有数字“5”的沙漏可以计时5分钟。

阿努比斯出现了，他发起了一场挑战，要求你想办法使用这两个沙漏准确地计时7分钟。你必须找到一种方法实现精确计时，而不是粗略估算时间！

聪明的你想出了一个好点子，成功计时7分钟。作为奖励，阿努比斯为你指明了通向金字塔之外的石梯的位置。

最后一扇门

石梯顶部，一个终极任务在等着你！

一串数字挂锁把大门紧紧锁住。你必须破解各个线索才能找出打开每把挂锁的正确密码。只有打开全部挂锁，你才能从金字塔里逃出去！

你需要查找本书前面的内容，记住之前各个谜题的答案，才能找到终极任务的解决办法！

终于，你在每把挂锁上输入了正确的数字。成功解开第六把挂锁后，你急忙推开门，迅速爬上剩余的台阶，逃出了金字塔。

成功逃脱

你沐浴在沙漠炽热的阳光中，迎面走来了一支驼队。沙尘暴早已过去，你感到非常高兴。

第二天，你带着朋友一起回到这里，希望向他们展示你刚刚探索的令人惊叹的金字塔。但是入口和出口通通消失不见了，狂风和沙漠已经掩盖了金字塔的秘密。

也许再过几千年，将有人重复你经历的这场不可思议的旅行……

提示

不确定解题思路吗？请参考下面的提示。

每道题目均有若干条提示。请先阅读第一条提示，看看能否让你豁然开朗。如果仍需要帮助，就接着逐条向下阅读。这些提示越来越具体，逐步为你指明解题思路。

第6~7页

安放火炬

1. 将每支火炬下半部分的形状与上面凹洞的形状相匹配。
2. 例如，火炬E可以安放在凹洞（3）中。

第6~7页

照亮通道（一）

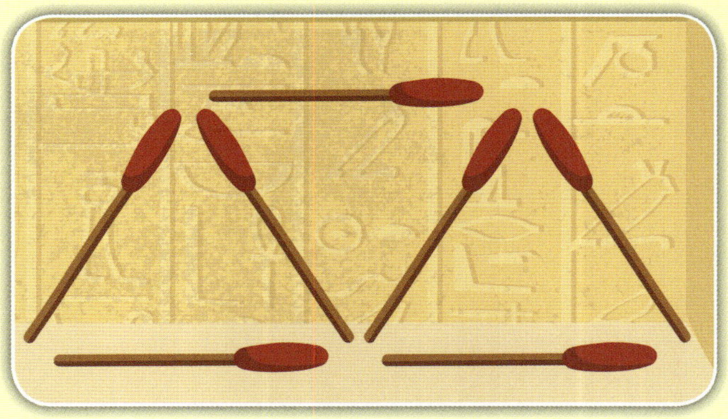

1. 当前图中的三个三角形大小一致，但是你将要拼出的两个三角形大小不同。
2. 你需要将较小的三角形嵌套在较大的外部三角形内。

第6~7页

照亮通道（二）

1. 通过移动，你需要将较小的三角形放置在较大的三角形内。
2. 在数三角形的数量时，不仅要计入拼出的大三角形，还要算上那些较小的三角形。

第8~9页

穿过地砖

1. 前两次移动使用了相同的象形文字，也就是说你将先向下移动一定数量的方格，再向右移动相同数量的方格。
2. 第一步不可能是向下移动1格，因为接下来向右移动一格将会遇到毒蛇。同理，第一步也不能移动超过两格，因为那样会直接碰上毒蛇。所以，第一个象形文字一定代表阿拉伯数字2。
3. 石板上没有向上的箭头。因此，向下移动的方格数量加起来一定是9。
4. 观察得知，石板上代表2的象形文字共指示了两次向下的移动，也就是说一共向下移动了四个方格。除此之外，还有三次向下的移动，它们加起来必然移动了五个方格（9-4=5）。形似古埃及人坐姿的象形文字出现了两次，这意味着这个象形文字一定代表阿拉伯数字1，而另一个指示向下移动的带有3个圆圈的象形文字只能代表阿拉伯数字3。
5. 现在，你可以轻而易举地找出哪个象形文字代表阿拉伯数字4，哪个代表5，哪个代表6了。

第8~9页

封闭的大门

1. 请继续使用上个谜题中破译出的象形文字的数值。把方框准确地画下来，再将象形文字转换为数字。
2. 先看第一个方框。在最右列，由于旁边有带阴影的方格，因此毒蛇必须向上移动两个方格。而在最左列，上方标出的数字为1，由于该列中已经存在圆点代表的蛇头或蛇尾，满足了数字1这条线索，因此毒蛇必须从圆点位置向右移动。目前你的解题进展如下：

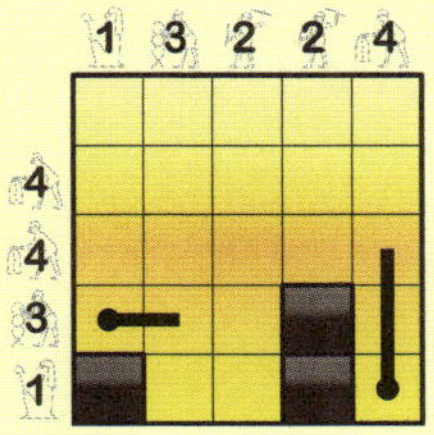

3. 这时，蛇身经过方格的数量已经满足倒数第二行内三格和倒数第一行内一格的要求，因此在左侧，毒蛇必须向上移动。而在最右列，上方的数字为4，能满足这条线索的唯一方法就是让毒蛇继续向上移动并左转：

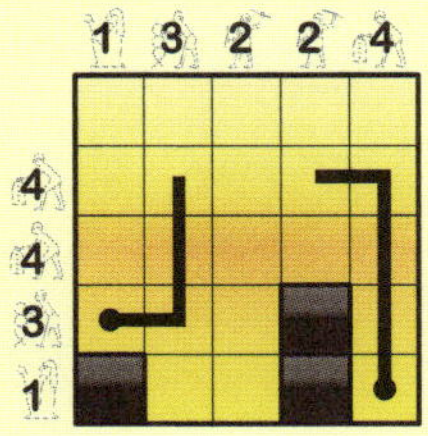

4. 以此类推，现在你可以连接两个圆点并找到隐藏的毒蛇了！
5. 对于第二个方框，你需要先推断出毒蛇是如何在第一行移动的，然后以此为起点继续解题吧！

第10~11页

机关箭之室

1. 要想得到总数20，必须使用第一扇门上的数字3。
2. 要想得到总数30，必须使用第一扇门上的数字12。

第10~11页

象形文字箭头阵

1. 在前面的“穿过地砖”题目中，你已经破解了一些象形文字，在本题中，你可以继续使用这些象形文字代表的数字。
2. 相同地砖不会在每行或每列中重复出现。知道这一点，解题就容易多了！
3. 如果一块地砖代表的数字比某些相邻地砖的数字小，但又比其他相邻地砖的数字大，那么它一定是数字2或数字3。

第12~13页

木乃伊的墓室（一）

1. 画出的线需要延伸到九个坛子的边框外。

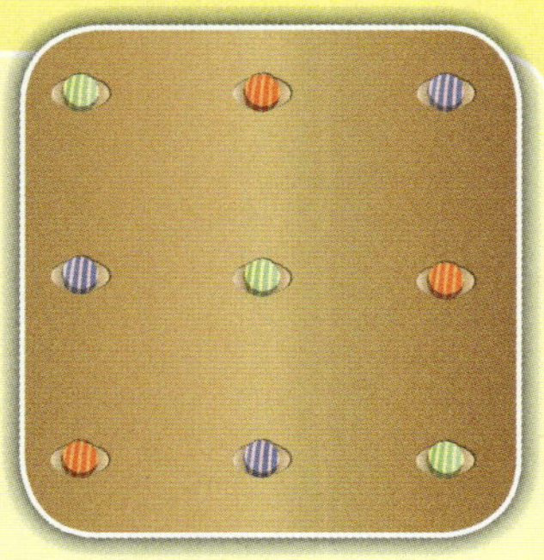

第12~13页

木乃伊的墓室（二）

1. 先在九个坛子外画一个大正方形。
2. 接着在大正方形内画第二个正方形，形成五个区域。
3. 最终画出的图案在水平方向上和垂直方向上都是对称的。

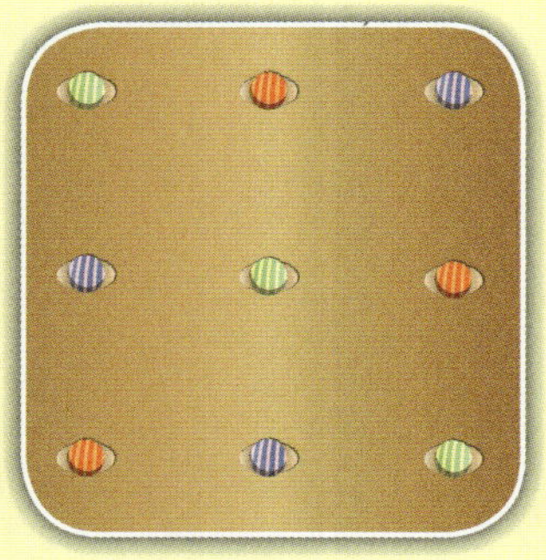

第14~15页

金字塔之谜

1. 之前题目中代表数字1~6的象形文字在本题中可以继续使用。
2. 通过研究完整的金字塔，可以分别推断出代表数字7、8和9的象形文字。
3. 第二座金字塔中未知的象形文字代表数字0。
4. 用数字替代象形文字，把不完整的金字塔画下来。接着用顶部砖块代表的数字减去下面一行中已知砖块代表的数字，得到的结果必然是下面一行中未知空心砖块代表的数字。
5. 计算出每个空心砖块代表的数字，然后将数字转换成象形文字，从而得出各块砖片应该放入的位置。

第14~15页

神秘的木板

1. 数一数图（2）和图（3）中各有多少个小木块，计算出分割成四个形状后，每个形状需要多少个小木块。
2. 每个分割后的形状都需要四个小木块。
3. 对于图（2），可将右下方的突出区域进行拆分。以此为突破口，继而推测出该图形中每个形状的样子。

第16~17页

桥梁迷宫

1. 请沿用之前题目中象形文字代表的数字。
2. 迷宫只有一种解法。

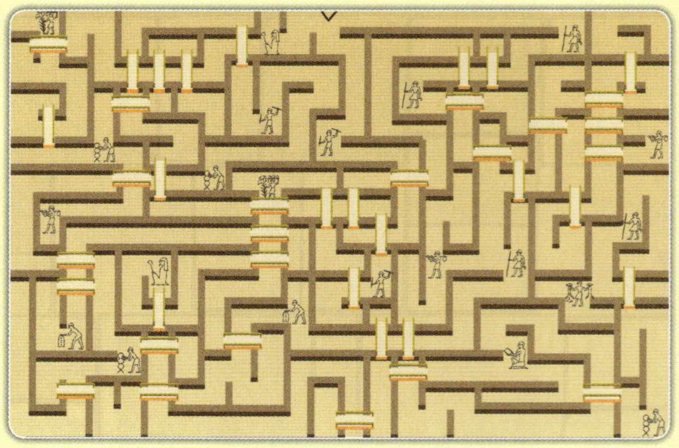

第16~17页

阿努比斯之谜（一）

1. 提出一个两位神祇将给出不同答案的问题。
2. 你可以问其中一位神祇：另一位神祇的答案是什么。这样提问的话，你将得到“真相+谎言”或者“谎言+真相”。所以，只要问对了问题，无论向哪位神祇提问，你都能分辨出两位神祇。

第16~17页

阿努比斯之谜（二）

1. 他不可能是诚实的神祇，因为诚实的神祇不会说出“我向来只说假话”。
2. 他有可能是一直撒谎的神祇吗？撒谎的神祇有可能说出这句话吗？
3. 那么，他到底是哪位神祇？

第18~19页

王名圈之谜

1. 对于第一组图形，请仔细观察那个形似猛禽的象形文字。

第18~19页

睡莲池之谜

1. 对于每个总数，你都需要将至少三个数字相加。

第20~21页

宝藏在哪里?

1. 你要寻找的象形文字在纸上只出现过一次。

第20~21页

被遮盖的符号

1. 排除将相同的象形文字放置在同一行、同一列或斜向相邻位置的选项。

第22~23页

隐秘的出口

1. 每张画像都指向某个特定的方向。
2. 从左上角的入口方格开始，沿着每一步指示的方向前进。
3. 忽略一切非人类画像的方块，只听从人类的指示！

第22~23页

时之沙

1. 你需要在其中一个沙漏计时完成之前翻转它。你不能依靠估测的时间来翻转这个沙漏，而是要基于另一个沙漏计时完成的时间。
2. 通过上面的方法，你可以使用3分钟沙漏来计时2分钟。将这2分钟和5分钟沙漏计量的时间加起来，就得到了7分钟。

第24页

挂锁

1. 挂锁（1）
   请返回第8页。如果你不记得当时是如何解答的，请直接查看答案！
2. 挂锁（2）
   你是否注意到在第10页的题目中，有一个数字从未使用过？是哪一个数字呢？
3. 挂锁（3）
   你必须通过排除法来得出该符号代表的数字。它代表数字几呢？
4. 挂锁（4）
   将第16页上所有象形文字代表的数字相加，然后减去你之前已经算出的总数，得到的结果就是剩余象形文字代表的数字之和。
5. 挂锁（5）
   有一个象形文字在第20页出现了4次。这个文字中画有桨，数一数它有多少支桨呢？
6. 挂锁（6）
   再次沿着路线出发，数一数你经过了多少个画有非人类画像的方块。这就是答案。

答案

大多数题目在提示部分已经给出了详细的解释，这里只给出最终答案或者其他补充信息。要想了解如何得出下面的答案，你应该先阅读相应题目的所有提示信息。

第6~7页

安放火炬

火炬和凹洞的配对为：A（5）、B（4）、C（2）、D（1）和E（3）。

第6~7页

照亮通道

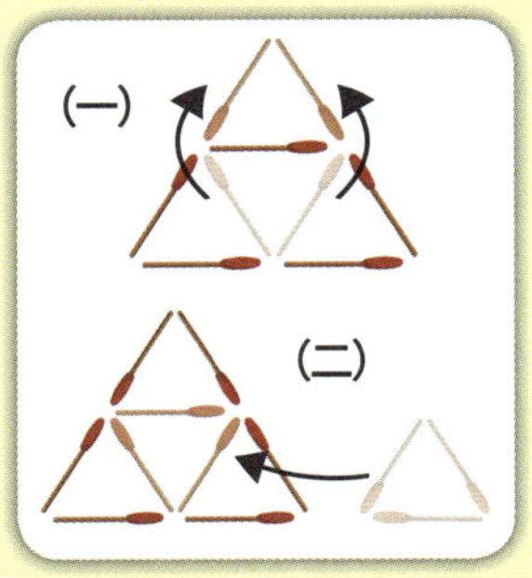

第8~9页

穿过地砖

各个象形文字所代表的数字如下图所示：

第8~9页

封闭的大门

答案如右图所示：

第10~11页

机关箭之室

15=3+5+7；

20=3+10+7；

30=12+10+8

35=12+14+9

第10~11页

象形文字箭头阵

将象形文字转换为数字，再进行解题，结果如右图所示：

答案是：

第12~13页

木乃伊的墓室

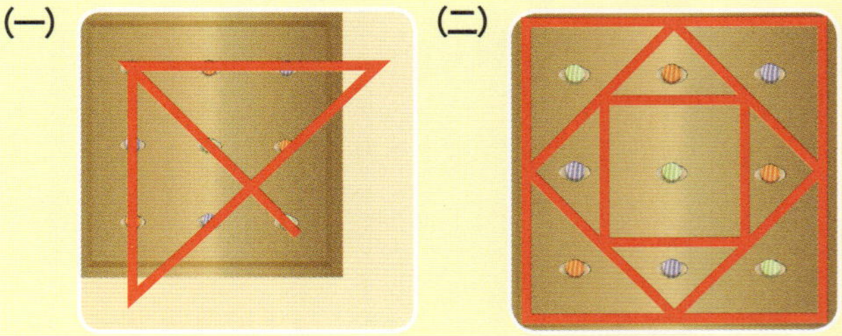

第14~15页

金字塔之谜

四个新象形文字是：

第14~15页

神秘的木板

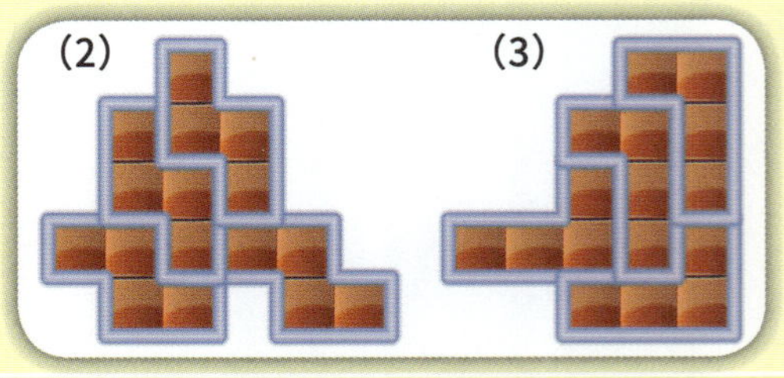

第16~17页
桥梁迷宫

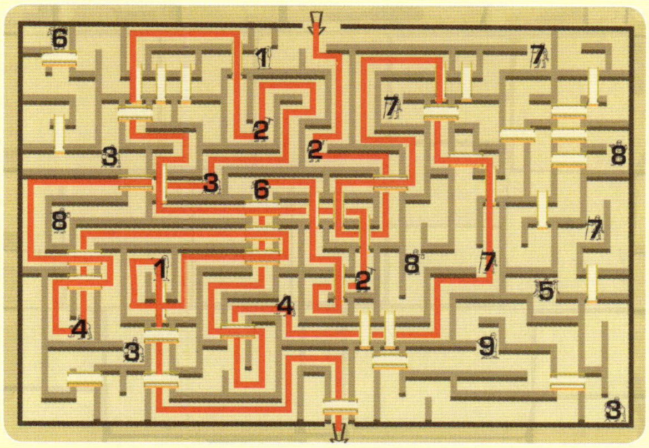

在穿过迷宫的路线上，象形文字代表的数字之和为：2+7+4+6+2+2+3+4+1=31。所有其他路径均为死路。

第16~17页
阿努比斯之谜（一）

问其中一位神祇：“另一位神祇会说哪位神祇说真话？”答案指向的那位神祇一定是总撒谎的神祇；而另一位神祇则是诚实的。试试看，你会发现这样提问始终有效！

阿努比斯之谜（二）

诚实的神祇无法说出“我向来只说假话”，因为这句话不是真的。始终撒谎的神祇也不能说出“我向来只说假话”，因为这句话对他来说是真话，而不是谎言！所以，一定是刚刚加入的第三位神祇说了这句话。

第18~19页
王名圈之谜

第18~19页
睡莲池之谜

30=6+9+15；39=6+8+11+14；
45=8+11+12+14；53=6+9+11+12+15。

第20~21页
宝藏在哪里？

该象形文字只出现过一次：

第20~21页
被遮盖的符号

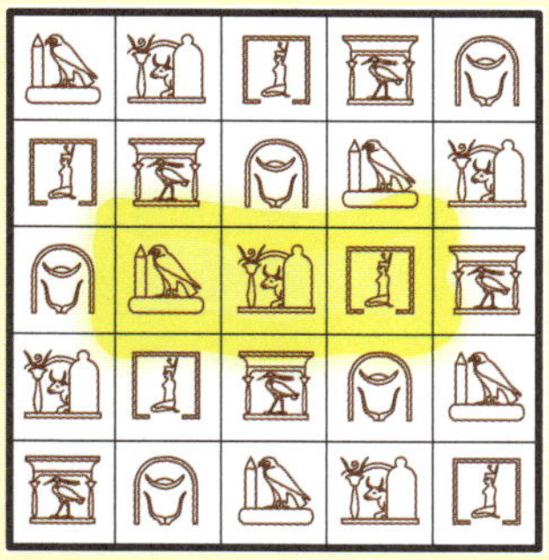

第22~23页
隐秘的出口

沿着人类画像指示的路线前进，注意不要受非人类画像的误导。出口在左下角的地砖下面：

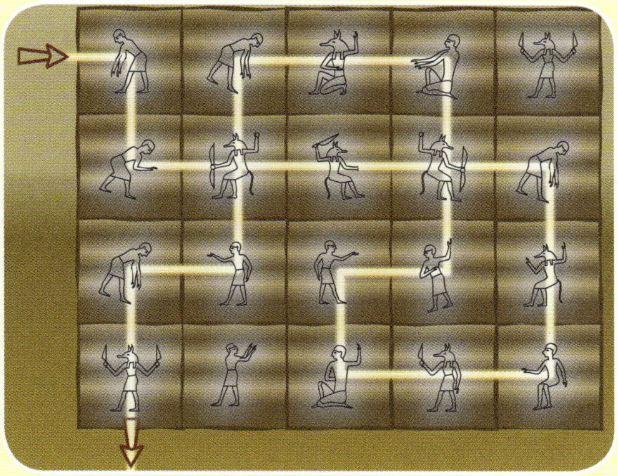

第22~23页
时之沙

将两个沙漏同时翻转过来，开始计时。当3分钟沙漏计时完成后，再次将其翻转；当5分钟沙漏计时结束时，3分钟沙漏刚好计时满2分钟。现在趁着3分钟沙漏的计时还没有结束，把它再翻转一次，这样就可以重新计时2分钟了。这2分钟计时完成后，你刚好成功计时7分钟！

第24~25页
挂锁

挂锁（1）：26步。
挂锁（2）：15。
挂锁（3）：0。
挂锁（4）：75。
挂锁（5）：这个象形文字是，所以答案是2。（使用数字1也可以打开挂锁，因为不清楚在船另一侧被挡住的物体是不是另一支桨。）
挂锁（6）：9。

索引

关于作者

盖尔斯·摩尔博士（Dr. Gareth Moore）为儿童和成人编写了大量益智游戏和脑力训练书籍，包括《儿童益智书》（*The Kid's Book of Puzzles*）、《猛犸象脑力游戏书》（*The Mamwoth Book of Brain Games*）和《脑力训练指南》（*The Rough Guide Book of Brain Training*）。摩尔博士还是著名脑力训练网站www.BrainedUp.com的创始人。他毕业于英国剑桥大学，获得计算机语音识别领域博士学位，主要研究计算机自然语言识别技术。

一起来脑力大挑战 系列

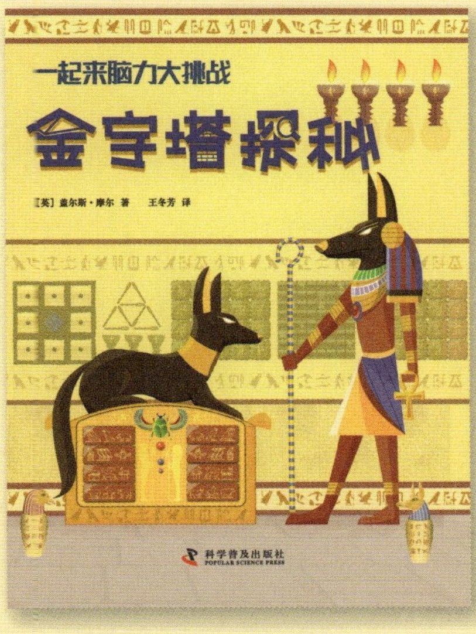

《金字塔探秘》

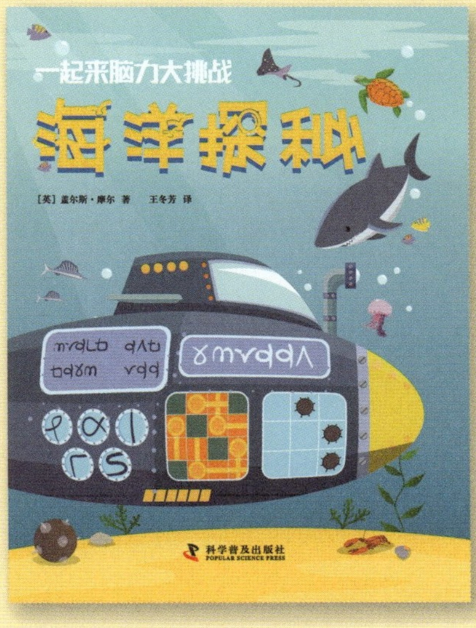

《海洋探秘》

《丛林探秘》

《月球探秘》

一起来脑力大挑战

海洋探秘

[英] 盖尔斯·摩尔 著　　王冬芳 译

科学普及出版社
·北 京·

图书在版编目（CIP）数据

一起来脑力大挑战．海洋探秘 /（英）盖尔斯·摩尔著；王冬芳译．-- 北京：科学普及出版社，2022.11

书名原文：TREASURE HUNT PUZZLES：UNDER THE OCEAN

ISBN 978-7-110-10486-6

Ⅰ．①一… Ⅱ．①盖… ②王… Ⅲ．①智力游戏—儿童读物 Ⅳ．① G898.2

中国版本图书馆 CIP 数据核字（2022）第 144986 号

策划编辑：李世梅　　**封面设计**：张 茁
责任编辑：李世梅　　**责任校对**：张晓莉
助理编辑：王丝桐　　**责任印制**：李晓霖
版式设计：蚂蚁设计

出版：科学普及出版社　　**邮编**：100081
发行：中国科学技术出版社有限公司发行部　　**发行电话**：010-62173865
地址：北京市海淀区中关村南大街 16 号　　**传真**：010-62173081
网址：http://www.cspbooks.com.cn

开本：889mm × 1194mm　1/16
印张：10　　**字数**：160 千字
版次：2022 年 11 月第 1 版　　**印次**：2022 年 11 月第 1 次印刷
印刷：北京瑞禾彩色印刷有限公司

书号：ISBN 978-7-110-10486-6 / G · 4353　　**定价**：180.00 元（全 4 册）

（凡购买本社图书，如有缺页、倒页、脱页者，本社发行部负责调换）

目录

开启海洋探秘之旅

你在导游的带领下参观太平洋深水勘探平台，并将成为第一个登上新试验潜艇的人。然而，你刚要进去一探究竟，平台就在海浪的冲击下开始晃动，一不小心你跌入潜艇，意外撞到了开关面板。突然，潜艇的门关上了，随后直接潜入深海。你将不得不尝试驾驶潜艇！

欢迎阅读这本与众不同的书。书中的故事包含许多谜题，但是这些谜题并不会直接告诉你该做些什么——它们仅提供了若干线索，接下来将由你决定该做什么以及如何去做！

阅读时如果遇到困难，你可以参考附在后面的提示。这些提示也是谜题的重要组成部分，当你碰到疑难问题时，你可以好好利用它们。建议每次只阅读一条提示，如果仍然无法解开谜题，再阅读更多提示！注意：提示只会为你提供线索，而不会直接告诉你答案。

驾驶潜艇

你冲向控制面板，凭直觉一把抓住潜艇主控制杆。糟糕的是，它似乎被锁定了，一阵响亮的哔哔声让你把注意力转移到导航屏幕上，上面显示着如下信息：

请插入启动钥匙

你只有激活控制系统才能驾驶潜艇！

摆在你面前的是四把启动钥匙和四个可供钥匙插入的插槽。

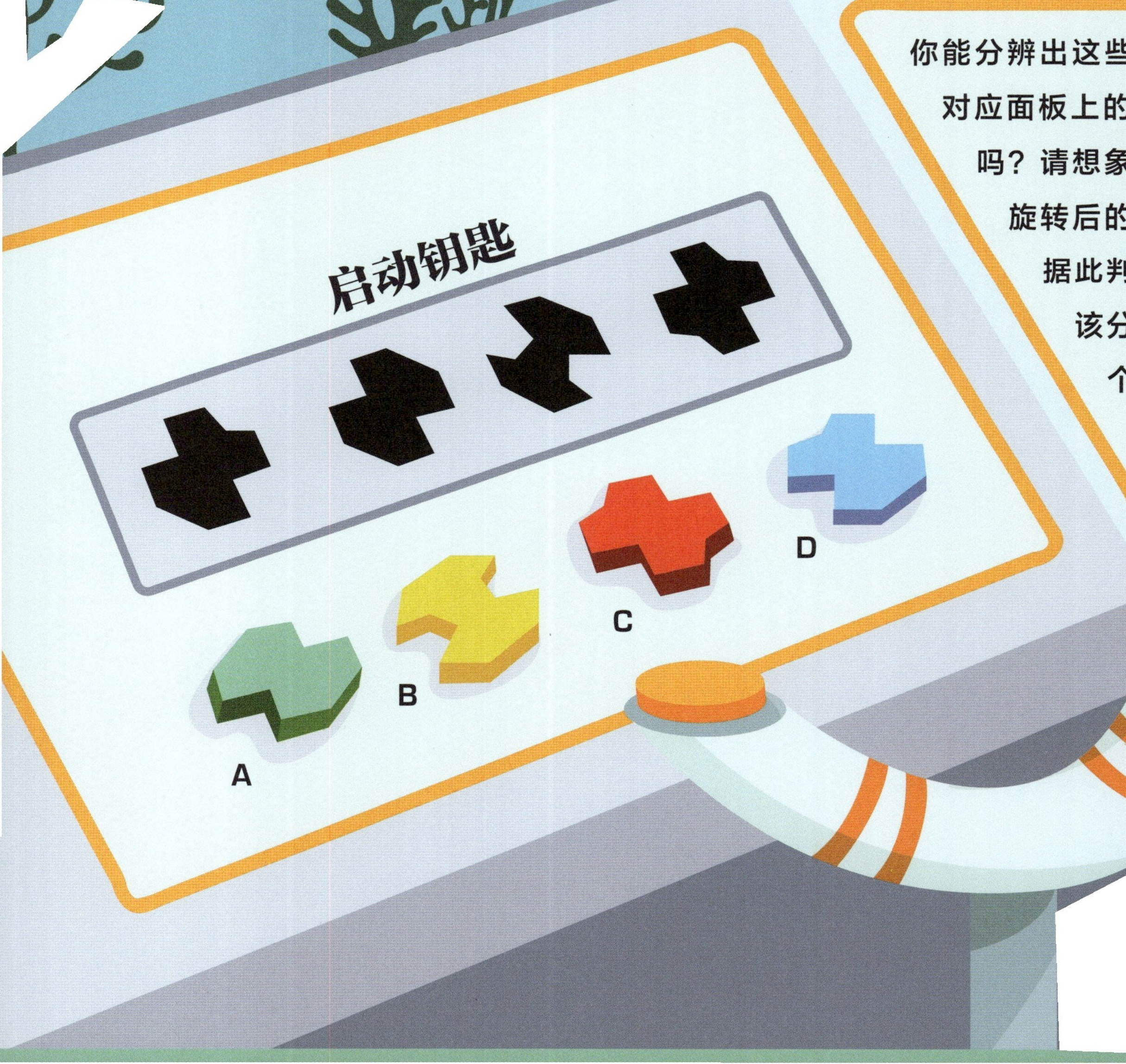

你能分辨出这些钥匙分别对应面板上的哪个插槽吗？请想象每把钥匙旋转后的样子，并据此判断它们应该分别插进哪个插槽。

将钥匙插好后，你尝试使用控制杆将潜艇驶回海面，但潜艇没有任何反应。

你环顾四周，在一个标有“控制连接器”的面板上发现了一些脱落的线缆。这些线缆肯定需要连接起来！

控制连接器

请把连接器配对，以使红色插针插入黑色插孔内。

你需要在脑海中想象，把成对连接器中的一个翻转过来，这样两个连接器就可以连接在一起。也就是说，你需要想象每个连接器翻转过来的样子。

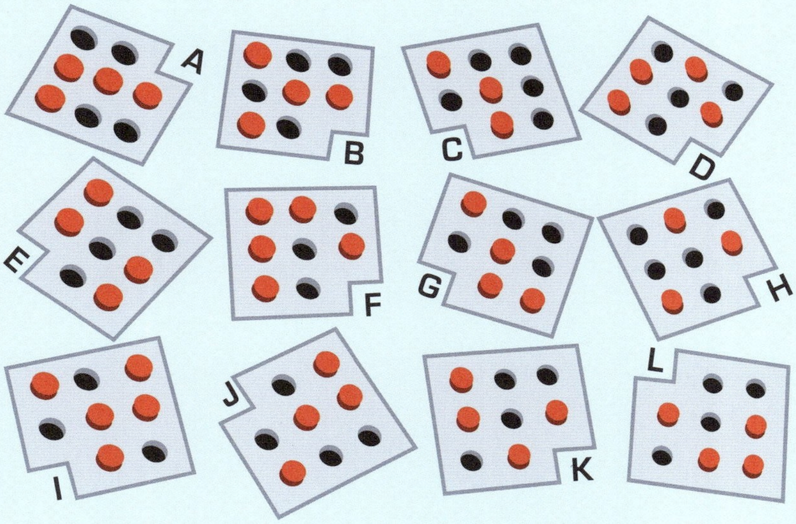

找到你的位置

你终于可以驾驶潜艇了，现在你需要找到自己的精确位置！只见潜艇的屏幕上显示着六幅海洋地图，但是你不知道应该使用哪一幅。更糟糕的是，计算机系统好像出故障了，只能给出一些模糊的提示，无法直接告诉你位置！

海洋地图

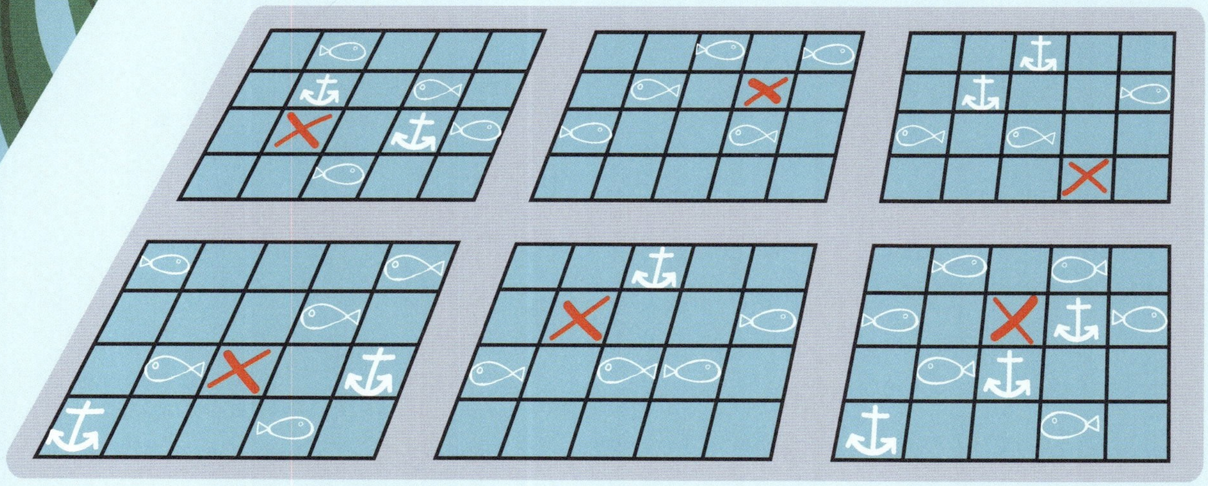

你知道，在正确的那幅地图上，标注着“×”的地方就是你的位置。

根据提示，你得知正确的地图应该符合以下条件：

- 白色标志的数量为奇数。
- 从你所在的位置出发，按国际象棋中马的走法可以抵达一个有鱼形标志的方格。
- 在其中一张错误的地图上，某个方格内画有朝左的鱼形标志。而在正确的地图中，这个方格内画有一个锚形标志。
- 同一行内有两个彼此相对的鱼形标志。

利用这些信息，你能找出正确的地图吗？

如果需要帮助，不要忘记查阅提示！

利用计算机给出的线索，你确定了将要使用的正确地图。现在你已经知道了自己的位置，但是还需要弄清潜艇的航向，于是你向计算机寻求帮助。计算机报告显示，由于干扰过多，无法确定具体的航向。

而计算机能给出的最大帮助就是一幅从外部设备发来的区域扫描图：

你能在区域扫描图中找到潜艇吗？你需要寻找一个轮廓图，它与黄色潜艇外形相似，但可能大小不同、左右相反、上下颠倒。

潜艇航向

你知道潜艇一定就在扫描图的某个位置，并且它看起来和下面这个形状很像：

现在，你只要排除干扰，就能找到潜艇！

经过长时间的搜寻，你终于在扫描图中找到了潜艇。现在，你已经知道了潜艇的航向和位置。

是时候规划返航路线了！

规划路线

现在，你已经确定了你的精确位置，可以规划返回勘探平台的路线了。

你转向导航控制台，点击“返航”图标，屏幕上闪烁着以下指令：

需要人工辅助。
请输入目的地和距离：

手动导航

同时出现在屏幕上的还有一系列航向指令信息和一幅地图：

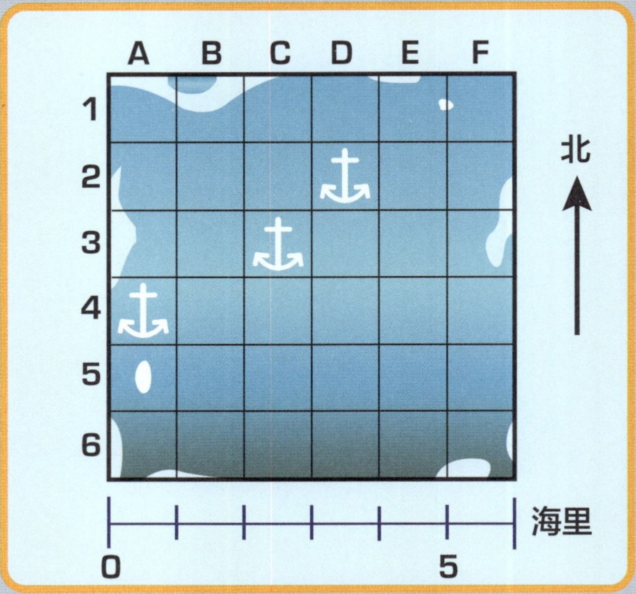

方向如下所示：

向北1海里*。
向西1海里。
向左转90°，前进4海里。
向左转90°，前进3海里。
向北1海里。
向西1海里。
向右转90°，前进1海里。
向东1海里。
向左转90°，前进1海里。
向东1海里。

计算机要求你找到目的地所在的方格，并计算出从当前位置到目的地所需的最短距离。根据以上说明，再结合之前从谜题中获得的位置信息，你能推导出目的地所在的方格吗？到达那里的最短距离是多少海里？

* 1海里≈1.852千米。——编者注

检查燃料箱

在控制台上输入答案后，它马上弹出了一条新消息：

请检查燃料箱存量。
请输入数量：

从上面的两个窗口中，你可以看到整齐堆放的立方体形燃料箱。

燃料箱并不是飘浮在半空中的，因此窗口中肯定还有一些你看不到的燃料箱，被压在上一层燃料箱的下面。

考虑到这种情况，你能准确计算出每个窗口中各有多少个燃料箱吗？

你在控制台上输入燃料箱的数量，计算机开始运算。不幸的是，其运算结果并不尽人意：

燃料不足

看来，你只有找到更多的燃料，才能顺利返航！

穿越雷区

导航系统将你的目的地自动修改为一个海底燃料储存库。

然而几分钟后，屏幕上突然出现一条令人担忧的警报。

警告——发现水雷！

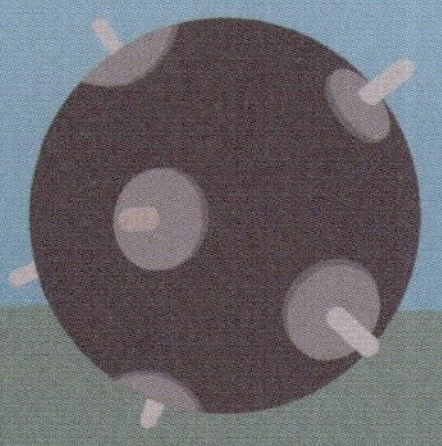

计算机屏幕上显示出三幅海底地图，但只有一幅地图画出了水雷的位置，另外两幅地图则显示了各个监听设备返回的声呐探测结果，标记出了每个设备附近水雷的数量。

水雷分布

请仔细观察第一幅地图。各个数字分别表示其周围相邻（包括斜向相邻）的方格内水雷的数量。你很清楚，标着数字的方格是监听设备的所在处，这些方格内没有水雷。那么，你能找出第二、第三幅地图中哪些方格内有水雷吗？你可以先把地图抄下来，这对解谜大有帮助。

	2		
			1
3			
		0	

1		1	
			3
		2	
			2

你在雷区内安全地穿行，现在你需要找到燃料箱。信标灯标示出了它们的位置。

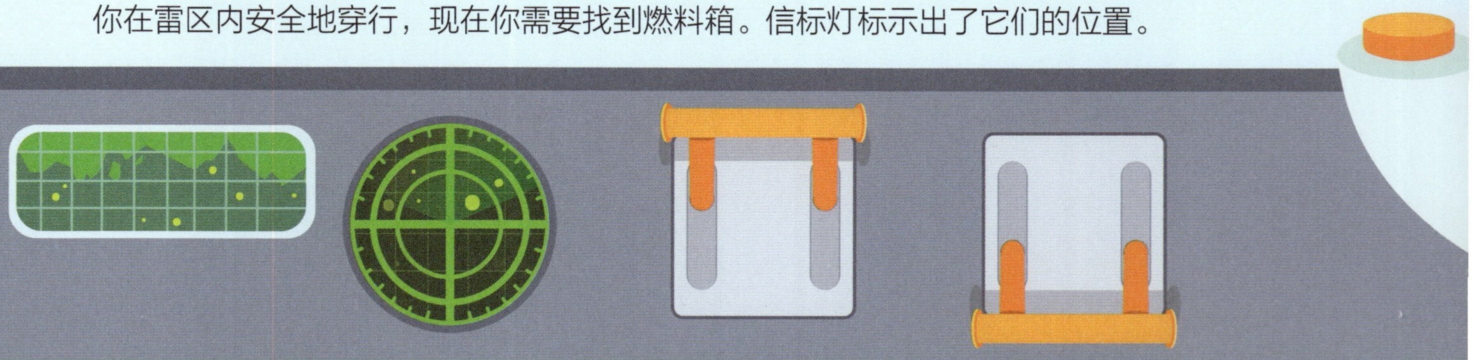

计算机中存有三幅部分燃料箱信标灯的位置地图。本页上方较小的地图中已经标出了信标灯的位置，但是底部两幅较大的地图仅仅给出了信标灯的安装信息。你必须通过安装信息找出信标灯的具体位置：

燃料信标灯

两幅地图中标有数字的方格显示了其周围相邻（不包括斜向相邻）的空白方格中信标灯的数量。信标灯可以向上、向下、向左及向右照射，但是不能斜向照射。信标灯的光线也不可以照射到其他信标灯上面，并且所有的信标灯均与标有数字的方格相邻。

你能找出所有信标灯的位置吗？可以先把地图抄到草稿纸上。

	2				
			1	0	
	1				
				0	
	0	3			
				0	

		2			
			1	0	
1					
	2	1			
			0		

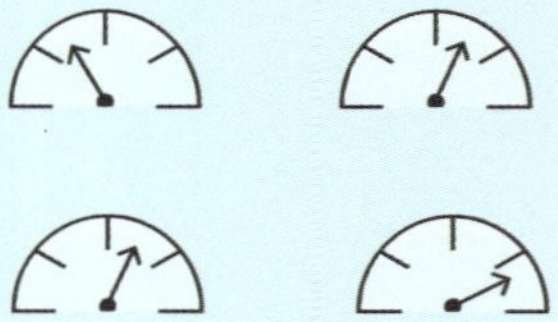

凭借出色的解谜能力，你找出了所有信标灯的位置，成功取回了燃料箱。

与海豚交流

现在你拥有充足的燃料，潜艇计算机启动“返航”行程。

但令你惊讶的是，潜艇仍然在海底潜行，在穿过一些巨石后，径直驶入了一道海底峡谷。这应该不是返航的路线吧？

更令你感到惊讶的是，五只海豚正朝着潜艇游来。

海豚游经潜艇下面的几个窗口时，计算机跟踪了它们的游行轨迹，并记录了下来。

海豚说了什么？

你知道，海豚是一种聪明的哺乳动物，它们一定在试图用某种方式跟你交流。看来它们的游行轨迹不是随意的！海豚们可能在说什么？

在旁边的一块巨石上，垂直地立着一块巨大的金属板，上面写满了文字。海豚们指指金属板，然后又重复各自的游行。

该走哪条路?

海豚的游行轨迹是读懂金属板的线索。请先弄清楚上一页中海豚对你说的是什么词，然后再把金属板上的信息抄写下来，借助线索词，找出关于潜艇航行路线的提示！

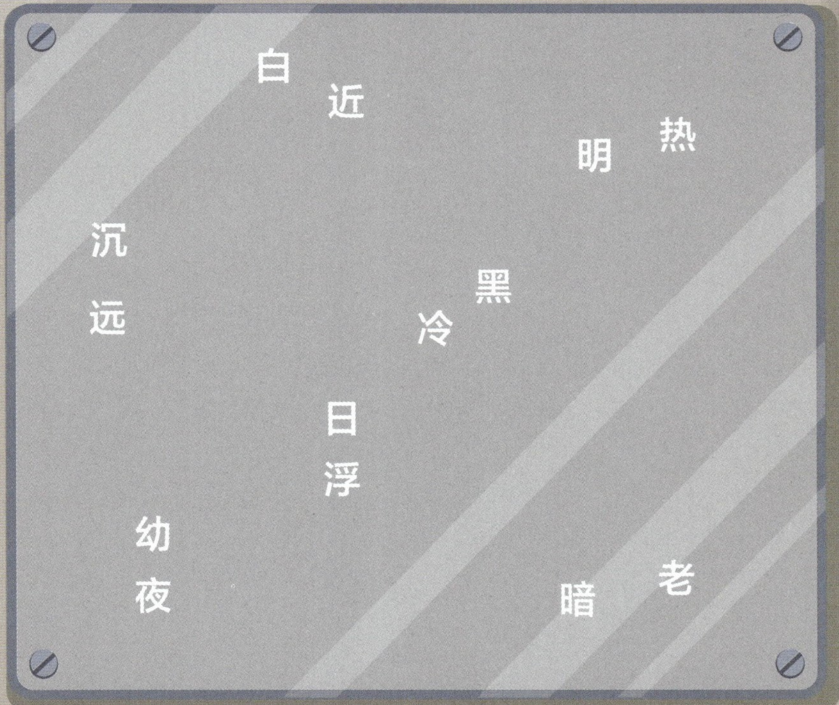

你弄清楚了海豚提供的线索，并据此破解了金属板的内容。现在你知道该走哪条路了，于是你驾驶潜艇，按照正确的方向开始航行。

鲨鱼来袭

从峡谷出来后，一只海豚一路跟着你，为你指路。但是，你突然发现六条巨型鲨鱼冲着海豚游来，海豚惊慌地逃走了。

动物们搅动着海水，你无法看清海豚的去向，只能参考计算机记录的动物游行轨迹。

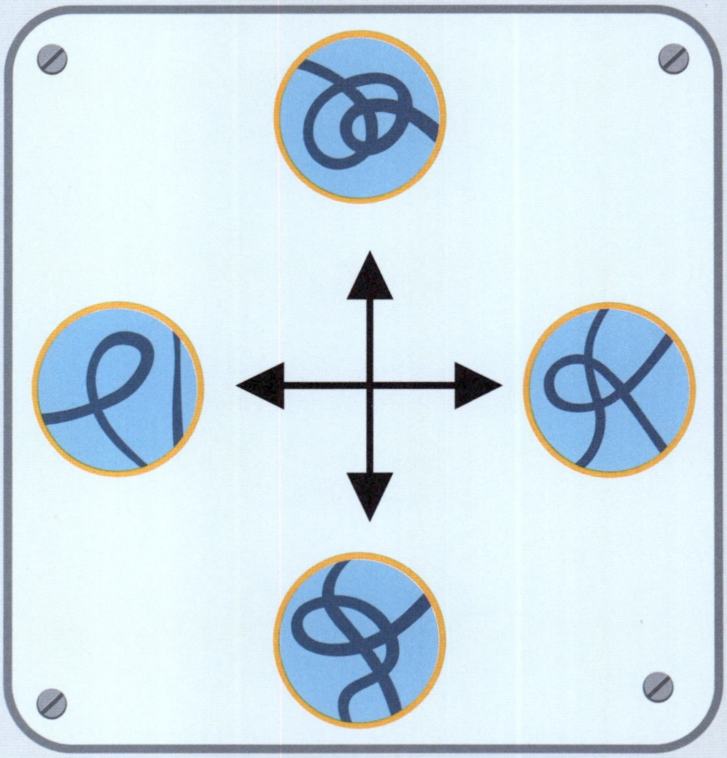

辨认海豚

其中一个窗口显示的是海豚的游行轨迹，而其他三个窗口显示的则是鲨鱼的游行轨迹。哪条轨迹是海豚留下的呢?

你辨认出海豚的游行轨迹，试图追上它。

海水仍在翻腾，让你难以看清海豚离开的路线。计算机记录了八个路线片段，如下图所示。

你能将这些碎片拼接起来，绘出海豚离开的完整路线吗？

拼接路线

将以下碎片拼接成一个长方形，图中应有一条完整的路线，显示海豚从左侧进入，从右侧离开。

蒙上一张透明的薄纸，描下左侧各个碎片的轮廓以及上面的粗线。现在，把这些形状从薄纸上剪下来。你知道如何把这些碎片拼成一个长方形并揭示出那条完整的路线吗？你也可以拍照并打印，或者直接复印本页。

拼接好路线后，你跟随海豚继续前进。

海豚会说话吗？

根据潜艇计算机的解释，海豚通过一套属于它们自己的“字母表”进行交流，而且它们的字母看起来跟英文字母大不相同。它们也不总是按人类的书写顺序游出各个字母，所以当它们想说“BOAT”（船）的时候，它们有可能游出“TABO”或者“BATO”。计算机将四个海豚单词翻译成了英文单词，如下所示：

 = PLAIN  = YAP

 = FLAP  = PIP

这只对人类友好的海豚又游出了六个字母，然后指了指它在潜艇玻璃上的影像。它好像拼出了它的名字！你可以把它的名字翻译成英文吗？

请借助计算机翻译出来的词汇，破解海豚字母与英文字母之间的对应关系。幸运的是，这只海豚恰好按英文顺序拼出了它的名字。

选择洞穴

现在你会说海豚语了！这对你大有帮助，因为海豚把你带到了四个海底洞穴前，如下图所示，各个洞穴分别标记为A、B、C和D。

海豚告诉你，它曾见过潜艇进出其中一个洞穴。你问海豚具体看到了什么，它说：

- 我见过类似的潜艇，见过潜水员，也见过鲨鱼。他们分别进出不同的洞穴，从来不会弄混。
- 其中一个洞穴从未被使用。
- 潜水员使用的洞穴比潜艇使用的洞穴更靠左。
- 从未被使用的洞穴与最高的海底植物相邻。
- 鲨鱼不会使用位于两端的洞穴。
- 潜水员使用的洞穴与最高的海底植物不相邻。

哪一个洞穴是供潜艇使用的？

鉴于海豚曾经目睹潜艇进出这个洞穴，你决定进去一探究竟。

海底洞穴

潜艇驶入洞穴，碰上了一扇巨大的金属门，只好在门口停了下来。

潜艇控制台亮了起来，要求你输入一个两位数的通行密码。通过下面的题目，你可以计算出这个两位数的通行密码。

通行密码

在下表中，有6个缺失的两位数。

请输入两位数通行密码：_ _

23	34	45	_	67	78	89
27	_	21	18	15	12	9
64	_	16	8	4	2	1
12	24	36	_	60	72	84
44	46	49	53	58	_	71
85	_	59	46	33	20	7

这道题目非常棘手！你只需要一个两位数，图中却有六处空缺。请先算出这六个缺失的数，将数列补充完整。不过，如果直接输入这六个数，你就会发现没有一个数可以打开大门。那么，这个通行密码到底是多少呢？它既不是门上写着的任何其他两位数，也不是门上任意两个一位数的组合。你能弄清楚这个两位数的通行密码是什么吗？

你推算出了密码，打开了大门。

你驾驶潜艇穿过大门，进入一个迷宫走廊。你四处寻找线索，发现地板上似乎随意标记着一些字母。这些字母看起来并不像方向标记，那么它们究竟是什么意思呢？走廊的布局及地面上的字母如本页下方图片所示。

你从图片上方箭头处进入迷宫，穿过整个迷宫走廊，从图片下方箭头处离开。

又有一扇大门挡在你面前，上面既没有数字，也没有任何其他标记。

潜艇停下来，你的控制台亮了起来，要求你：

输入路径密码：＿＿＿＿＿＿＿＿＿＿＿

是不是打错了？难道不应该是“通行密码”吗？“路径密码”又是什么呢？

路径密码

你应该在这里输入什么才能把大门打开？

也许迷宫可以告诉你答案。

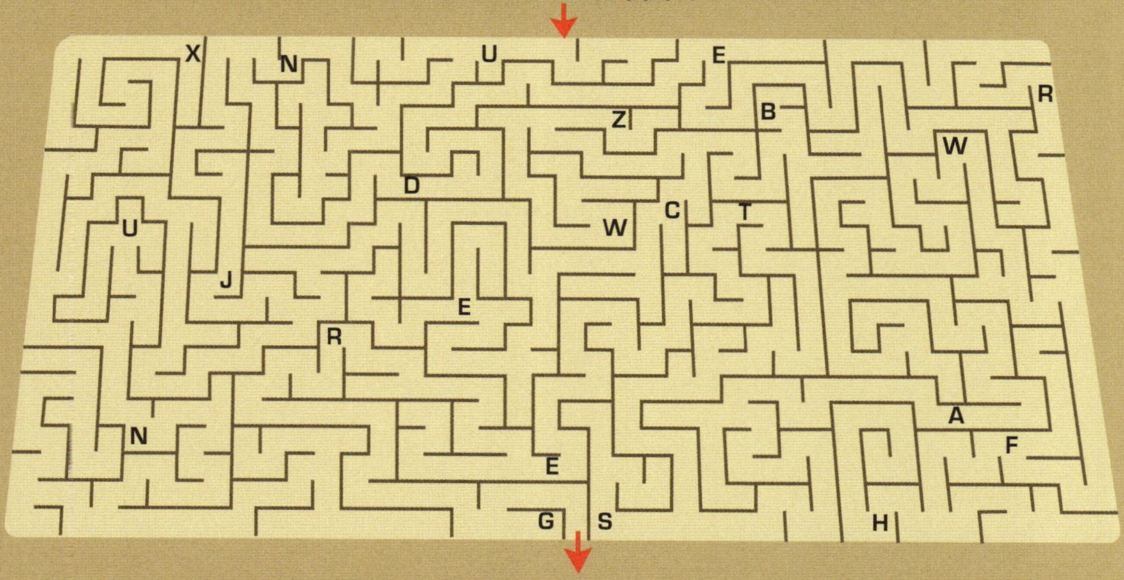

你想明白并按要求输入“路径密码”后，大门打开了。

潜艇继续向洞穴深处航行。

准备停靠

没想到，你抵达了一个秘密的海底潜艇基地！

现在，轮到你来停靠潜艇了。

要想停靠，你必须小心地将潜艇向前、向右、向上行驶一定距离。

计算机屏幕上显示出如左下方所示的图片，你可以利用它分别计算出三个方向上的行驶距离。

图中已经清晰地标注出各个行驶方向。至于在每个方向上需要行驶多少距离，需要你借助箭头附近的图案分别进行计算，然后把正确的数值输入控制台。

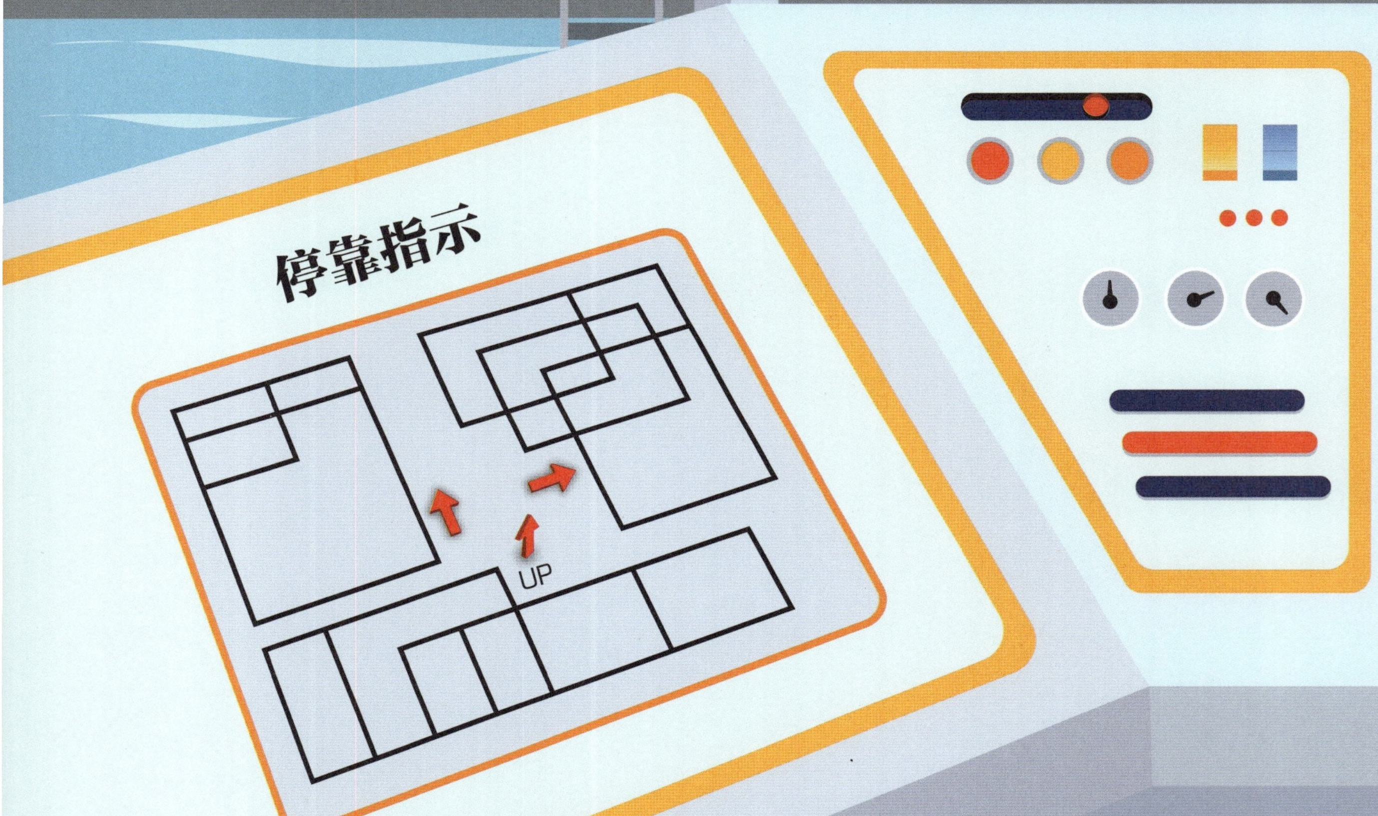

你需要：

统计长方形的数量。

你能数一数每个图案中究竟有多少个长方形吗？长方形的数量就是你需要行驶的距离。注意，不要遗漏任何长方形，与其他图形重叠的长方形也要算上。数量可能比你想象的还要多！

输入正确的数值后，潜艇渐渐上浮，并安全停靠。

要想爬出潜艇，你必须攀爬四架梯子。

每架梯子的底部和顶部均标有一个英文单词，要想爬上梯子，你必须将底部的单词转换为顶部的单词，但是每一级只允许改变一个字母。

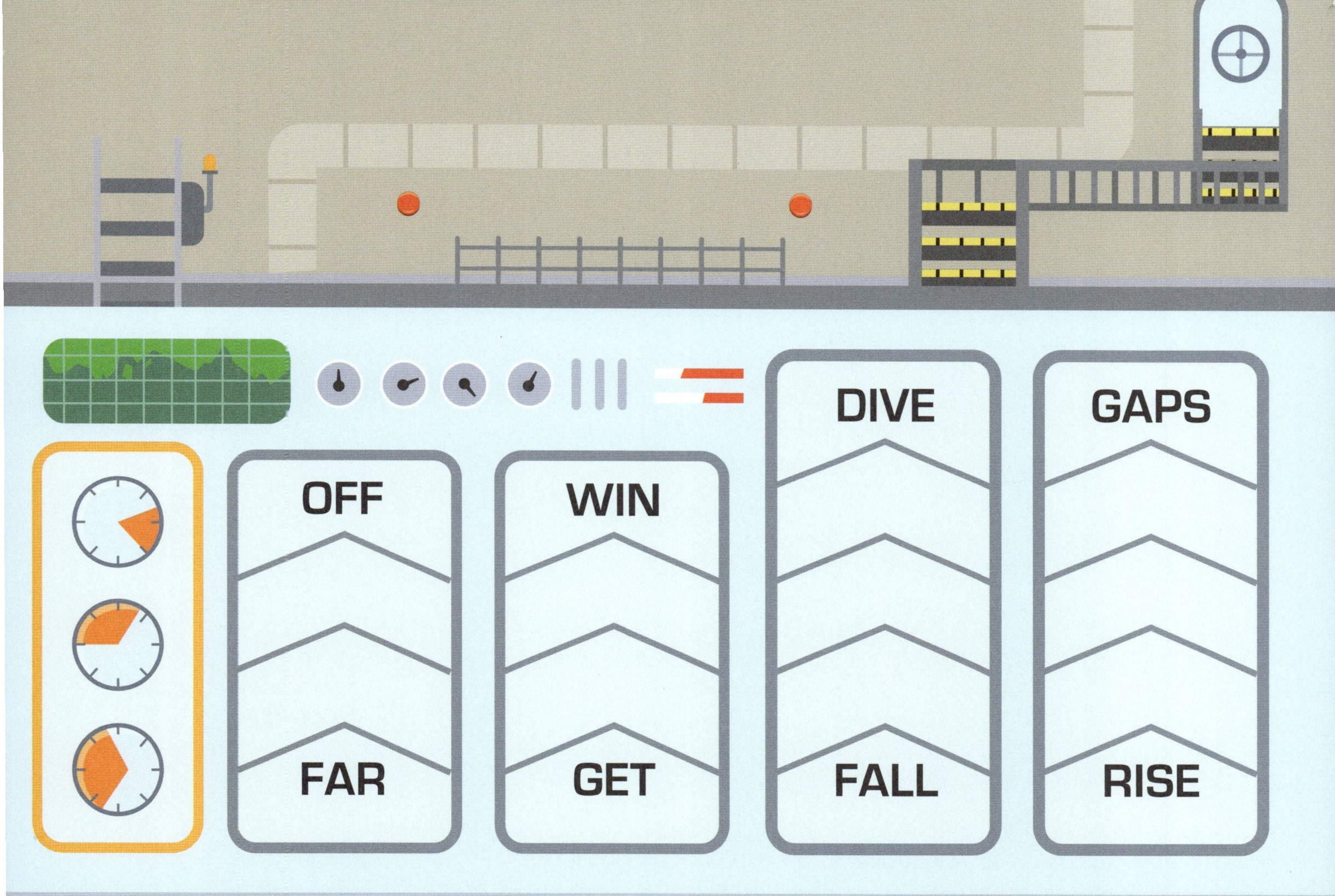

攀爬梯子

要想爬上梯子，请从底部的单词开始，改变其中一个字母，从而形成一个新的单词。然后，请继续攀爬，每一级均可改变一个字母。但是不允许改变字母的排列顺序。按照这个规则，只要找到了一系列正确的单词，就能爬上梯子的最后一级！如果在梯子中间卡住了，就请爬下梯子，重新试一次。例如，为了爬上第一架梯子，你可以先把单词“FAR”（远的）转换为“OAR”（桨）。

你解开全部谜题，成功爬上四架梯子，你发现自己身处一个浮式平台，面前是一扇封闭的大门，门前还有一个机器人警卫！

踏上归途

机器人拦住了你：

驾驶员身份验证

闲人免进！仅允许授权人员通行。要想通过大门，你必须证明自己是一名经验丰富的潜艇驾驶员。

机器人向你发起六项挑战，你必须回答全部问题！

1.左侧地图中共有几枚水雷？

2.在正确的海洋地图中，有几个鱼形标志？

3.海豚在左侧写下的单词是什么？

4.哪一个洞穴没有被鲨鱼、潜水员以及潜艇使用过？

5.左图中有几个燃料信标灯？

6.在迷宫走廊的地板上，有几个字母不在离开迷宫的路线上？

请回答上面的问题，如有需要，可回顾之前的旅程。

你把答案告诉机器人，它回答：

安全检查通过，允许通行！

大门滑开，机器人转到一旁，允许你通过。

你踏入一个小房间，墙上有两个小按钮。大门关上后，小房间开始震动。你意识到，你正站在一部电梯里。

你发现墙上有一个向上的箭头。箭头亮了，这意味着你正在返回海面。

几分钟后，一阵柔和的铃声响起，大门再次打开，你发现自己回到了深水勘探平台的甲板上。

你成功了！

祝贺你，潜艇驾驶员！

提示

不确定解题思路吗？请参考下面的提示。

每道题目均有若干条提示。请先阅读第一条提示，看看能否让你豁然开朗。如果仍需要帮助，就接着逐条向下阅读。这些提示越来越具体，逐步为你指明解题思路。

第6~7页

启动钥匙

1. 各个图形的边数不同。了解这一点对你解谜大有帮助。

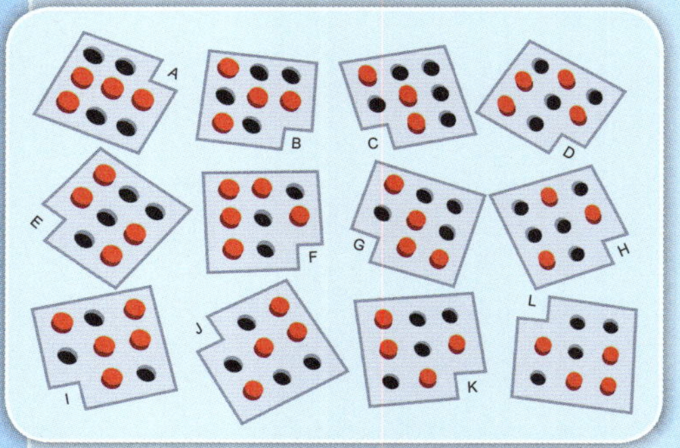

第6~7页

控制连接器

1. 利用每个连接器一角的缺口，可以将它们两两对齐。
2. 经过镜像翻转和旋转，缺口已经全部对齐，这时各个连接器看起来是什么样子？
3. 如果一个连接器有三个红色插针，那么与它配对的连接器必须有三个黑色插孔。
4. 仔细观察连接器A，你能看出红色插针组成了一个旋转后的字母“L”吗？那么，与A配对的另一个连接器上，黑色插孔必然会形成一个字母“L”的镜像图案。
5. A应该连接E。

第8~9页

海洋地图

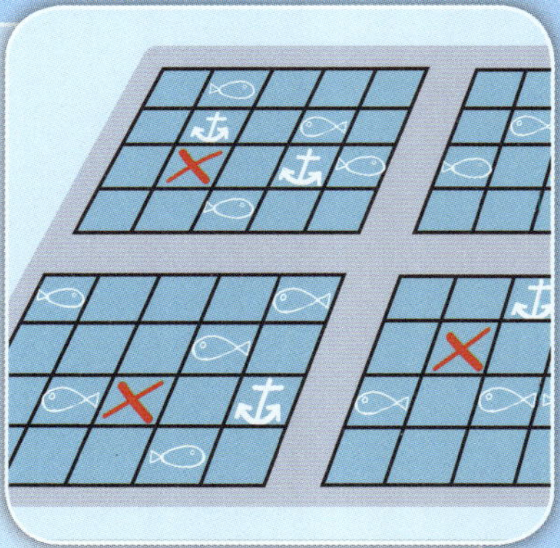

1. 根据第一条线索，可以排除左上角的地图。
2. 第二条线索提到了“国际象棋中马的走法”，你需要知道马可以先向左（或向右）走两格，再向上（或向下）走一格，或者先向左（或向右）走一格，再向上（或向下）走两格。例如，在左上角的地图中，从第二行的鱼形标志出发，可以按照马的走法到达红色×标志所在的位置。
3. 不要被第三条线索中提到的“其中一张错误的地图”迷惑，它仅仅指“任何其他地图”。

第8~9页

潜艇航向

1. 仔细查看扫描图的中央区域。
2. 潜艇上下颠倒，斜着朝向左下方。

第10~11页

手动导航

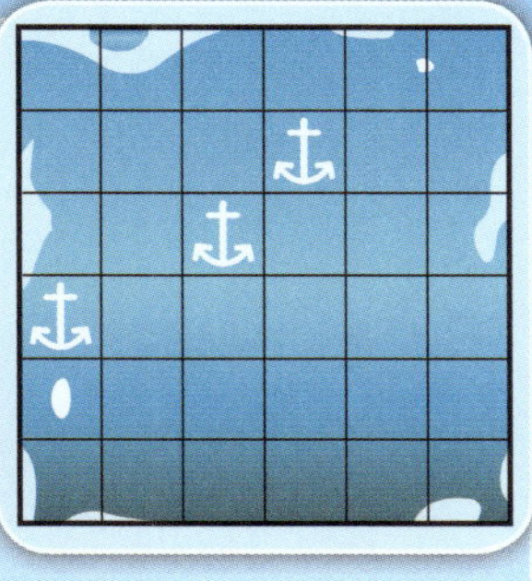

1. 你需要弄清楚你的起点。请对照第8页的正确地图，利用三个锚形标志的位置来推断起点“×”的位置。
2. 起点在方格C2处。
3. 网格外的箭头标志指出了北方，因此在这幅地图中，上北下南，左西右东。
4. 第一条指令让你向北航行1海里。根据地图下方的比例尺，每个方格的宽、高均为1海里。因此第一步你将抵达方格C1。
5. 转90°意味着你将向右（顺时针）或向左（逆时针）转四分之一圈。
6. 转弯是相对于你之前的前进方向而言的，所以如果你正在向西行驶，然后逆时针转90°，那么你将朝向南方。
7. 到达最后一个方格时，你可以数一数从起点到终点的线段上共有几个方格。这就是你所需要的最短距离。

第10~11页

检查燃料箱

1. 在左侧窗口中，堆放着三层燃料箱。你可以逐层统计燃料箱的个数，然后把每层的数量相加。
2. 底层有11个可见的燃料箱，还有一个被压在下面的隐藏燃料箱。中间层共有四个燃料箱，顶层只有一个燃料箱，共有17个。

第12~13页

水雷分布

1. 首先，你需要看懂第一幅地图。依次查看每个数字，并数出与它相邻的水雷数量。试试把第一幅地图的格子和数字画下来，看看你能不能把水雷补画在正确位置上。答案是唯一的。
2. 在第二幅地图中，首先在与数字“0”相邻的每个方格中画一个“×”，以表明这些方格内没有水雷。通过画“×”进行标记是解决这个谜题的关键！
3. 在与数字“3”相邻的方格内，有两个画“×”的方格以及三个空白方格，因此这三个空白方格内必定全部藏有水雷。
4. 对于第三幅地图，你可能不知道如何入手。那么看看地图右上角的数字“3”和数字“1”能给你什么启发吧。
5. 数字“1”表示周围方格内只有一枚水雷，而数字“3”表示周围的方格内共有三枚水雷，因此其中两枚水雷只有位于数字“3”的下方，余下的一枚水雷才可与数字“1”相邻。把位于数字“3”下方的两枚水雷标记出来吧。

第12~13页

燃料信标灯

1. 先用完整的那幅地图检查自己是否已经理解了规则。
2. 在左侧地图中，鉴于你已经知道位于每个数字“0”上方、右侧、左侧和下方的方格中不会安装信标灯，请先在这些方格内画“×”（除非这些方格内标有数字）。通过画“×”进行标记是解开这个谜题的关键！
3. 观察数字“3”的周围，你会发现有且只有三个方格可以安装信标灯。标出信标灯，然后画出光线。在被光线照射的方格内同样画“×”，因为信标灯的光线不可以照射到其他信标灯上。

第14~15页

海豚说了什么?

1. 每条游行轨迹都代表一个英文字母。
2. 第二个窗口的字母是“a”；第四个窗口的字母是“r”。
3. 海豚拼写的单词是“pairs”（配对）。

第14~15页

该走哪条路?

1. 请用直线把金属板上成对的词语连接起来。
2. 具有相反含义的词语可以配成一对。
3. 连接“近”和“远”，以及其他所有成对的反义词。你看到了什么图案?

第16~17页

辨认海豚

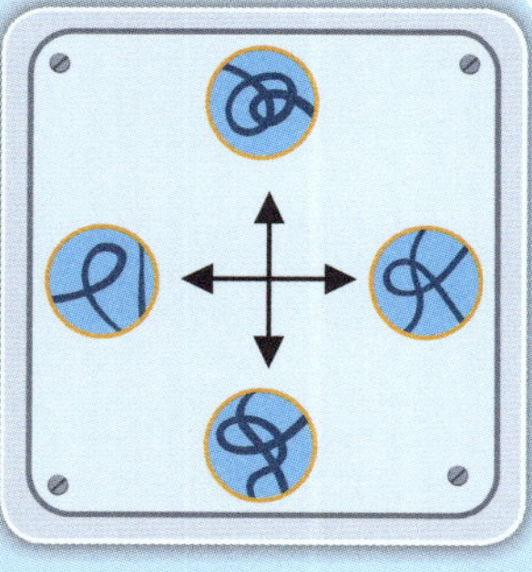

1. 其中一个窗口显示的是一只海豚的游行轨迹。
2. 其他窗口显示的则是多条鲨鱼的游行轨迹。
3. 海豚留下的游行轨迹仅由一条线构成。

第16~17页

拼接路线

1. 你需要拼出一个完美的长方形，因此大部分的碎片必须至少有一条边是长方形某条边的一部分。
2. 只有一块碎片不接触长方形的任何边。
3. 旋转你剪下来的各个碎片，使它们的角度与题目中的相同。现在，各个碎片都处于正确的角度，将它们组合在一起吧。

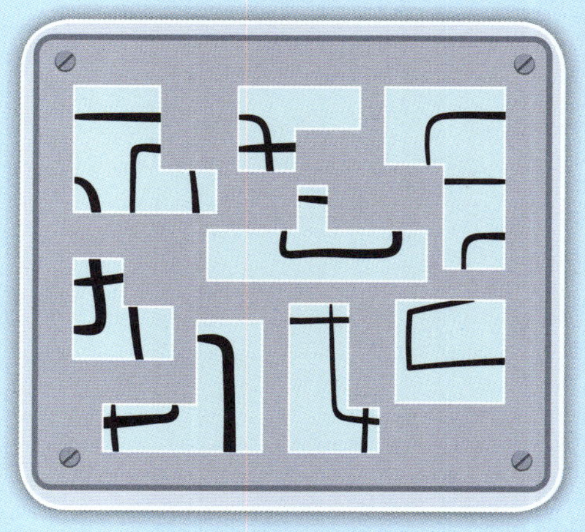

第18~19页

海豚会说话吗?

1. 记住，字母的顺序可能是颠倒的，因此请先找出单词之间或同一个单词中重复的字母。
2. “PIP”包含两个字母“P”，所以出现两次的游行轨迹肯定代表字母“P”。
3. 剩下的那个游行轨迹只能代表字母“I”。
4. 请观察代表“YAP”的游行轨迹。你知道哪个轨迹是“P”，所以其余两个肯定代表字母“Y”和字母“A”。而“FLAP”中有一个“A”，却没有“Y”，那么，在“YAP”剩下的两个轨迹中，哪一个出现在“FLAP”的轨迹里了呢？这个轨迹一定代表字母“A”，剩下的一个只能代表“Y”。

第18~19页

选择洞穴

1. 洞穴分为以下几种情况：从未被使用、供潜水员使用、供鲨鱼使用或供潜艇使用。
2. 根据第三条线索和最后一条线索，你可以推断出潜水员和潜艇使用的洞穴。
3. 潜水员一定使用洞穴C，潜艇一定使用洞穴D。

第20~21页
通行密码

23	34	45	__	67	78	89
27	__	21	18	15	12	9
64	__	16	8	4	2	1
12	24	36	__	60	72	84
44	46	49	53	58	__	71
85	__	59	46	33	20	7

1. 每一行都是一串有序数列，其中大部分可以通过加减运算得出空缺项。
2. 在每个数列标着“__”的位置上，你都需要填上一个两位数。
3. 请你分析每个数列，确定这六个缺失的数分别是多少。
4. 第三个数列涉及除法运算。
5. 第五个数列涉及加法运算，每一个加数都比前一个加数大。
6. 把你算出的六个数写下来。你有什么发现？
7. 你所解出的各个数列中各有多少个数？
8. 你得到的六个数可以组成第七个数列，但是仍然缺少一项。
9. 请把这六个数按大小顺序排列，然后推断出缺失的数是多少。因为没有“__”标志，所以你并不知道缺失的数应该在哪个位置，问题比之前更为棘手。
10. 想想乘法表中关于“8”的部分吧。

第20~21页
路径密码

1. 只有一条路线可以穿过迷宫。
2. 如果走错了，你就会进入死胡同。由此，你可以直接排除这条路线。
3. 沿正确路线前进时，请记下沿途遇到的字母。它们可以拼成一个单词吗？

第22~23页
停靠指示

1. 有一个诀窍可以帮你统计各个方向上的长方形数量。请观察图中的每一个交点，数一数有多少个长方形以这个交点为左上角。把这些数量相加，就得到了长方形的数量。
2. 例如，在向前箭头旁边的图案中，左上角的点本身就是四个长方形的公共点，这四个长方形包括两个矮长方形，一个中等高度的长方形，还有一个最大的、构成本图案轮廓的长方形。
3. 在向前箭头旁边的图案中，顶部中间的交点只能作为一个长方形的左上角顶点。
4. 请按照这个方法继续统计。在向前箭头旁边的图案中共有七个长方形。

第22~23页
攀爬梯子

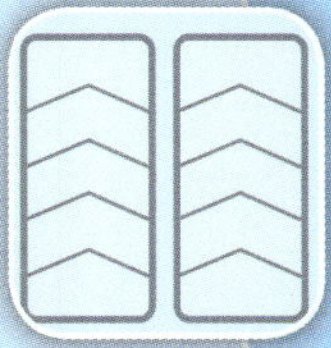

1. 由三个字母组成的单词经过三个步骤可以转换为顶部的单词，由四个字母组成的单词经过四个步骤可以转换为顶部的单词。这意味着，在每一级中，你必须将其中一个字母更改为顶部单词中的一个字母，否则永远无法到达顶部。
2. 在第一架梯子中，请将“FAR”（远的）转换为“OAR”（桨），然后将“OAR”转换为“OAF”（傻瓜），最后将“OAF”转换为“OFF”（离开）。
3. 以“FALL”（降落）为例，在第一步中，可以将其更改为“DALL”（不是一个单词）、“FILL”（是一个单词）、“FAVL”（不是一个单词）或“FALE”（也不是一个单词）中的一个，由于其他选项都不是单词，所以第一步只能转换为“FILL”（填充）。那么，下一步可以转换为哪个单词？

第24~25页
驾驶员身份验证

1. 请按照第12页谜题的解题方法解题，统计水雷的数量。
2. 请查看第8页。
3. 请使用第18页的海豚语译文。
4. 请参阅第19页。
5. 请按照第13页谜题的解题方法解题。完成后，请统计信标灯的数量。
6. 最简单的方法是：先统计第21页迷宫中的字母总数，然后减去“路径密码”中字母的个数。

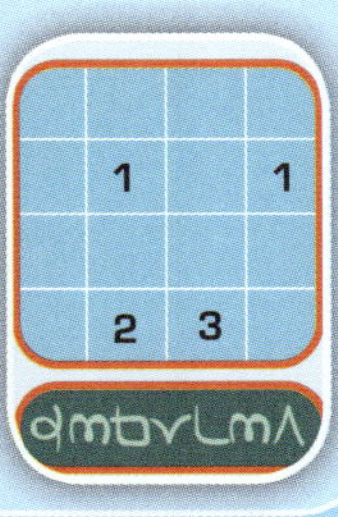

答案

大多数题目在提示部分已经给出了详细的解释，这里只给出最终答案或者其他补充信息。要想了解如何得出下面的答案，你应该先阅读相应题目的所有提示信息。

第6~7页

启动钥匙

从左到右，钥匙依次为D、A、B和C。

第6~7页

控制连接器

应分别连接A和E、B和D、C和F、G和L、H和I、J和K。

第8~9页

海洋地图

右下角地图：

第8~9页

潜艇航向

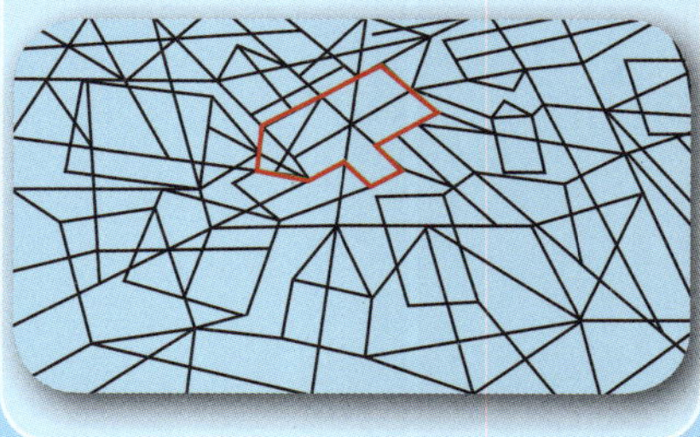

第10~11页

检查燃料箱

左侧窗口：17个燃料箱，其中底层有12个燃料箱，中间层有四个燃料箱，顶层有一个燃料箱。

右侧窗口：25个燃料箱，其中底层有17个燃料箱，中间层有六个燃料箱，顶层有两个燃料箱。

第12~13页

水雷分布

第12~13页

燃料信标灯

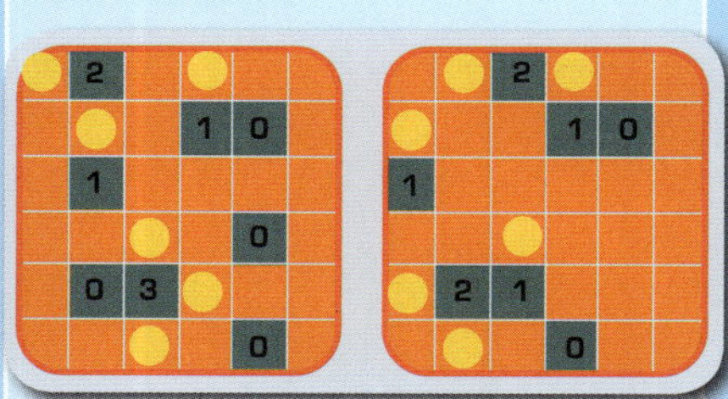

第10~11页

手动导航

该路线将带你抵达方格F2。从起始方格C2到终点方格F2的线段长度为3海里，因此最短路线的长度为3海里：

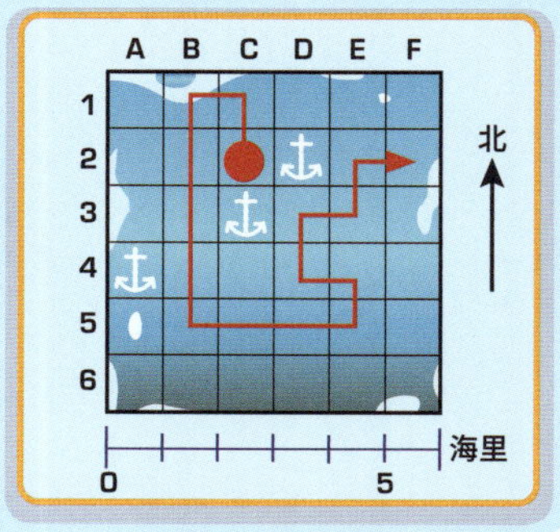

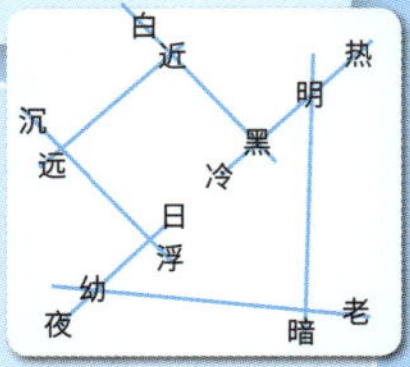

第14~15页

与海豚交流

这个词是“pairs”（配对）。金属板上词语连线结果如上图所示。连线形成一个箭头形状，指向正确的航行方向。

第16~17页

辨认海豚

朝上箭头指向的窗口显示的是海豚的游行轨迹。多条鲨鱼的游行轨迹由多条线构成，而海豚的轨迹只包含一条线。

第16~17页

拼接路线

碎片的拼接方法如下图所示：

第18~19页

海豚会说话吗?

海豚字母的翻译如下图所示：

海豚拼出了“FLIPPY”一词，这是它的名字。

第18~19页

选择洞穴

洞穴A从未被使用过；洞穴B供鲨鱼使用；洞穴C供潜水员使用；潜艇则使用洞穴D。

第20~21页

通行密码

各数列如下所示：

23　34　45　**56**　67　78　89（逐项加11）
27　**24**　21　18　15　12　9（逐项减3）
64　**32**　16　8　4　2　1（逐项除以2）
12　24　36　**48**　60　72　84（逐项加12）
44　46　49　53　58　**64**　71（逐项依次加2、3、4、5、6、7）
85　**72**　59　46　33　20　7（逐项减13）

你得到六个数，即56、24、32、48、64、72。按大小顺序重新排列为24、32、48、56、64、72。

其他数列均有7个数，所以你需要在这个数列中补充第七个数，从而得到一个“逐项加8”的数列，即24、32、40、48、56、64、72。因此，通行密码是40。

第20~21页

路径密码

穿过迷宫的唯一路线为：

该路线按顺序途经以下字母：U、N、D、E、R、W、A、T、E、R。它们拼成了“UNDERWATER”（海底）一词，即本题答案。

第22~23页

停靠指示

向前的距离值为7，向右的距离值为9，向上的距离值为13。方向与箭头一致。

第22~23页

攀爬梯子

答案如下图所示：

OFF	WIN	DIVE	GAPS
OAF	WIT	FIVE	RAPS
OAR	WET	FILE	RIPS
FAR	GET	FILL	RIPE
		FALL	RISE

第24~25页

驾驶员身份验证

1、四枚水雷，如下图所示：

2、六个鱼形标志。
3、海豚拼写的单词是“PLAINLY”（明显地）。
4、洞穴A。
5、共有五个信标灯，如下图所示：

6、13个字母。

索引

关于作者

盖尔斯 · 摩尔博士（Dr. Gareth Moore）为儿童和成人编写了大量益智游戏和脑力训练书籍，包括《儿童益智书》（*The Kid's Book of Puzzles*）、《猛犸象脑力游戏书》（*The Mamwoth Book of Brain Games*）和《脑力训练指南》（*The Rough Guide Book of Brain Training*）。摩尔博士还是著名脑力训练网站www.BrainedUp.com的创始人。他毕业于英国剑桥大学，获得计算机语音识别领域博士学位，主要研究计算机自然语言识别技术。

一起来脑力大挑战 系列

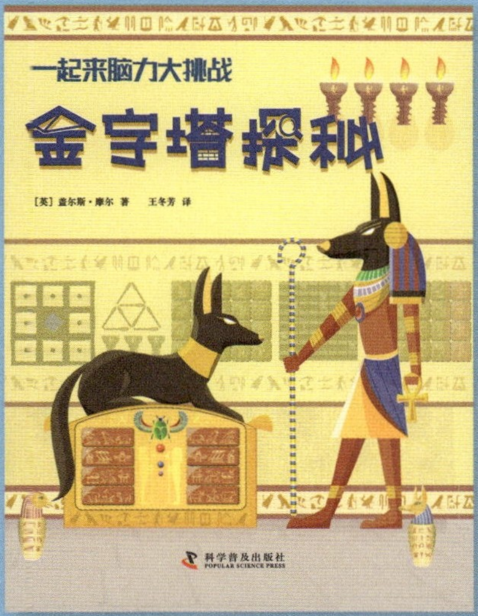

《金字塔探秘》

《海洋探秘》

《丛林探秘》

《月球探秘》